跨越文化與時空的葡亞人

澳門葡裔的演化

施安東 —— 著

(António M. Jorge da Silva)

葉浩男 —— 譯

獻給澳門人

目錄

致謝 / Ⅱ

序一：澳門土生葡人及其全球遷徙（黎祖智） / Ⅳ

序二：澳門環球橋樑之「西洋人」葡亞族裔（陳明銶） / Ⅵ

序三：夾縫社群的毅力和創造力（韓子奇） / ⅩⅣ

自序 / ⅩⅧ

緒論 / 001

第一章
海外大發現 / 007

第二章
葡人來華 / 017

第三章
澳門 — 長崎貿易網 / 031

第四章
土生葡人源起 / 049

第五章
英式帝國主義 / 067

第六章
香港和上海的經驗 / 081

第七章
鴉片戰爭後的澳門 / 099

第八章
二十世紀初期 / 117

第九章
二次大戰時的土生葡人 / 129

第十章
一九四九年後的澳門 / 147

第十一章
土生葡人的環球遷徙 / 161

第十二章
重新演繹的身份認同 / 171

第十三章
國籍問題 / 181

結語 / 193

附錄：澳門土生菜式 / 202

參考文獻 / 208

作者簡介 / 216

圖表目錄

圖 1　澳門南灣（McDougall 所繪水彩畫）/ III

圖 2　葡萄牙的發現之旅（1400—1500 年）/ 004

圖 3　澳門地圖（1557 年）/ 015

圖 4　華南沿岸地圖 / 022

圖 5　十七世紀的澳門地圖 / 028

圖 6　亞洲各地往澳門的移民情況（1500 — 1700 年）/ 046

圖 7　澳門土生葡人婦女穿着 Saracha 面罩 / 053

圖 8　穿着 Dó 斗蓬的婦女周日離開教堂 / 054

圖 9　珠江口地圖 / 065

圖 10　阿媽與兒童（1940 年）/ 096

圖 11　澳門兒童 / 097

圖 12　老閘船（速繪）/ 101

圖 13　由前澳門市政廳出版的澳門市遊覽指南圖說明 / 106

圖 14　澳門與離島地圖（約 1960 年代）/ 116

圖 15　黎登別墅（約 1905 年）/ 121

圖 16　前山寨與快樂別墅 / 122

圖 17　葡萄牙戰俘於日本仙台俘虜收容所第二分所（1945 年）/ 144

圖 18　關閘（約 1950 年代）/ 150

圖 19　澳門的賭場地盤 / 153

圖 20　議事亭前地（約 1950 年代）/ 155

圖 21　從澳門大炮台望出（1988 年）/ 159

圖 22　在加州的新一代澳門土生葡人（2008 年）/ 200

圖 23　蓮藕炆豬肉 / 206

表 1　澳門居民的來源（1720 年）/ 051
表 2　澳門人口（1621—1871 年）/ 108

致謝

　　本書能夠面世，全賴紐約州立大學 Geneseo 分校歷史系韓子奇教授的耐心指導和大力支持。過去幾年，韓教授一直為我釋疑解惑，一方面使本書符合學術要求，另一方面讓並非歷史專業出身的我能夠深入分析葡萄牙人定居中國的歷史。在韓教授不斷鼓勵之下，我終於完成此書，謹申謝忱。

　　我亦要感謝加州大學柏克萊分校地區口述歷史辦公室 Don Warrin 教授的鼎力支持。他審閱了本書初稿，提出許多寶貴意見，本人感激不已。

　　同樣必須感謝的是策劃出版本書的澳門國際研究所，特別是研究所主席黎祖智博士及秘書長盧文輝先生的支持。盧先生積極參與這項研究，尤其重要的是幫助本人宏觀理解 1999 年政權移交後的澳門和土生葡人社羣的生活，這些都是本書尾段探討的重要議題。

　　另一方面，史丹福大學陳明銶教授提議並推薦由澳門國際研究所出版本書的中文譯本，對此本人深感榮幸，對陳教授的建言和支持敬表謝意。本人亦要感謝韓子奇教授審閱本書出版時的更動和中文譯本。對於 João Bosco Correa 先生的審閱和意見，本人同樣由衷感謝。

圖 1　澳門南灣（McDougall 所繪水彩畫）

本人還要感謝澳門基金會的資助，以及澳門大學在經費和出版方面的支持 。在本書的編輯和出版過程中，澳門大學澳門研究中心的林玉鳳教授和葛家傑先生貢獻良多，值得敬重。我也要特別讚許和感激葉浩男先生將此書譯為中文。

最後，我要感謝我親愛的太太 Penny。我為了埋首寫作，犧牲了不少與她相處的時光。幸得她一直容忍，至為感激。

施安東（António M. Jorge da Silva）
2017 年 12 月 8 日

序一
澳門土生葡人及其全球遷徙

在全球化的今日，我們其中一個迫切的挑戰就是如何克服文化差異、跨越對立。在這個問題上，澳門數百年來葡萄牙人與華人和諧共處的歷史正正能夠為我們帶來啟示，而最能反映這段歷史的，莫過於澳門土生葡人在亞洲的演化。

土生葡人不僅是葡治時期澳門的華人社會與葡萄牙管治者的橋樑，更加是一個融會中西文化，擁有獨特語言、美食、傳統和共同歷史記憶的社羣。1999 年澳門政權移交後，不少土生葡人繼續以當地為家，在公共領域和私營機構克盡己職，多番獲得中國國家領導人肯定。另一方面，雖然一些土生葡人在二十世紀下半葉前往海外開展新的生活，但他們依然心繫家園，在各地成立組織推廣澳門，為今日的澳門特別行政區作出貢獻。

本書《跨越文化與時空的葡亞人：澳門葡裔的演化》的作者施安東先生是其中一位積極參與這些組織、成就傑出的土生葡人。他生於澳門、長於香港，數十年前移居美國，但他多年來不僅對澳門保

持深厚的感情，而且筆耕不斷，著有多本關於土生葡人及其全球遷徙的著作，為澳門人的身份認同提供重要歷史證據。

正如作者在書末提到：「澳門和澳門土生葡人不應是歷史的註腳，他們的文化代表着一個社羣對時代的見證，將會在歷史的長河存留下來。」

承蒙澳門基金會慷慨資助，澳門國際研究所出版了本書的英文原版，並且策劃相關的中文翻譯工作。與此同時，在澳門大學的積極參與和合作下，此中文譯本最終由中華書局（香港）有限公司統籌出版。本人衷心感謝以上機構的大力支持。在澳門特別行政區邁向成立二十周年之際，澳門國際研究所有幸與合作夥伴攜手，向廣大的中文讀者社羣推廣葡裔人士在澳門和滬港兩地的歷史，延續葡萄牙與中國多個世紀的互相認識和友好對話，讓澳門多元共融的核心價值傳承不斷。

黎祖智
澳門國際研究所主席
2018 年 10 月 12 日寫於澳門

序二
澳門環球橋樑之「西洋人」葡亞族裔

　　最近五世紀以來，中國民間和官方常以「西人」、「洋人」或「西洋人」形容西方人士，特別是在華接觸到的歐洲白種人。這些形容詞的典故，源自首度從海路來到中華大地的歐西人士正是葡人（葡人探索家歐華利在 1513 年從印度果亞經馬六甲到中國廣東海岸，登陸處就是今日香港的屯門）。葡萄牙位於歐洲西南端，西面及南面都是大西洋，唯一的陸上鄰國就是東邊和北邊的西班牙。葡萄牙官方、民間和學術界經常自稱「大西洋國」，因為大西洋對該國的歷史發展有極深影響。現時該國規模最大的高等學府里斯本大學（Universidade de Lisboa）設有東方研究所（Instituto do Oriente），其出版的亞洲研究學報就是名為《大西洋國》（*Daxiyangguo - Revista Portuguesa de Estudos Asiáticos*）。現時澳門的貨幣部分由當地的中國銀行發行，部分則由大西洋銀行（Banco Nacional Ultramarino）發行。由此可見，「大西洋」是葡人引以為榮的歷史稱號。由於葡人是歷史上最早來華

（自 1553 年在澳門設立基地）並延續最久的歐西人士，故歐洲人士在中國常被稱為「西洋人」或「洋人」。

　　自 1513 年葡人歐華利初抵中國領土至今已有五百年。葡人可謂是首批來華的歐洲「中國通」，管治澳門達四個世紀，至 1999 年冬澳門回歸中國管治。他們在華的經歷和葡式文化（包括葡語系其他七國的文化）比其他歐洲人士的更為長久，可算是「首先來、最後走」（first to come, last to go）。在這五百多年的中葡交往中，葡萄牙在中國大陸並無殖民地或租界，更無劃分勢力範圍，唯一根據地就是澳門。因此，如果談到近代西方侵略中國，亦即所謂的帝國主義欺凌，葡萄牙絕非最嚴重的侵略者，在中國內地並不容易找到太多葡萄牙歷史的痕跡。

　　比起一般的西方帝國主義者，尤其是英國在中華大地留下的累累傷痕，1999 年澳門回歸後中葡兩國的友好關係有所加深，合作範圍更

擴至其他葡語國家，尤其是 2003 年中國政府在澳門特區成立「中國 — 葡語國家經貿合作論壇」，是現時中國對外經貿交流的一個重點機構，亦是對澳葡時代遺留的歷史和文化軟實力的良性利用，除了每三年一度在澳門舉行的部長級高峰論壇，還有各種合作項目，例如專業訓練課程和專門支持葡語國家發展的基金，均以澳門作為基地。另外，中國的「十二五」和「十三五」規劃都特別將澳門定位為世界旅遊休閒中心和中國與葡語國家商貿合作服務平台，連結中國與分佈三大洋、四大洲的葡語國家集團（亞洲的東帝汶、歐洲的葡萄牙、非洲的莫桑比克、安哥拉、畿內亞比紹、聖多美和普林西比與佛得角，以及南美洲人口、領土和經濟最大的巴西），可見中葡在澳門有較為和諧的歷史基礎，與不少地方在後殖民地時期與前西方帝國主義者關係困難甚至交惡的情況，絕對不可同日而語。

葡華相處五百多年沒有正式戰爭或大型武裝衝突，唯一較嚴重的近代糾紛就是 1966 年冬的「一二・三事件」，但 1967 年 1 月底以澳葡官方向中方及澳門華人公開道歉、認錯和賠償作結。葡方承諾嗣後以尊重中方的方式來延續對澳門的行政管治，是近代澳門發展的巨大轉捩點。澳葡政府向中方和本地華人妥協和遷讓，維持睦鄰友好合作，這似乎是政策立場的微調。不過，在 1967 年春夏英治香港的毛派暴動中，英方出動軍警防暴，以圖維持治安、恢復秩序，保障香港的開放自由和國際化運作，得到大多數香港華人居民支持，最終左派全線崩

潰，這是嗣後中英關係不和諧的其中一件重大歷史事件。因此，現時中國內地與香港和澳門兩特區的關係明顯有差別。在某一層次而言，葡人較為遷就的性格與澳葡當局盡量避免與華方對立的取處，與港英的強硬立場極為不同。港英的高級英國官員甚少與華人通婚，沒有很深厚的本地根基，但澳門則不同。1999 年澳門回歸前，澳葡政府中已有很多土生葡人擔任要職，其家庭大多經歷了數代的亞洲化，不少娶華人為妻。他們的歐亞混血後裔正是東西方與中葡間人際往來、文化交流的重要橋樑。他們在澳門土生土長，樂於服務家園，不會因為澳葡總督離澳返葡就一同離職，因為他們的家已經是澳門。澳門國際研究所主席黎祖智博士（Dr. Jorge A. H. Rangel）是第九代土生葡人，其千金是第十代。他們的家族不單幾世紀以來在澳門定居，而且有相當深厚的華人血統。其父抗戰前在上海經商，反映出土生葡人不單在華南海角一隅的澳門發展，而是在香港、廣州和上海等大都會都有一定的人脈和商務網絡。葡澳人士似乎一直自視為中國的好友，例如 1900 年義和團事變，八國聯軍入京平亂時（美國、日本和六個歐洲國家派兵到華北保護僑民），葡萄牙絕無參與，只是派出商船北上撤僑。時至今日，每當中國國家主席出訪歐洲，最友好與和諧的言辭都是在葡萄牙里斯本發表的。事實上，中方在葡萄牙表達對雙方關係的熱情和友好態度，絕對超過中國與其他歐洲國家交往時的取態。

1999 年冬，澳門回歸中國管治，澳葡政權退場，但不少葡澳人士留任公務員體系或公營機構的職務。他們通曉中葡英三語，甚至有的持有特殊的專業資格，例如律師、醫生和教師。他們均繼續留在澳門特區，緊守崗位，為他們的家園作貢獻。因為澳門法律是根據葡萄牙法典，要有一定的葡語水平才能充分引用，而《基本法》亦保證中文與葡文同為官方語言，所以有中葡雙語要求是很正常的。現時澳門特區政府的運輸工務司司長羅立文和首三屆的行政法務司司長陳麗敏都是知名的澳葡裔高官，而局長中也有不少佼佼者，例如旅遊局局長文綺華和民政總署主席戴祖義。他們協助澳門發展中葡交流的橋樑作用，繼續在澳門生活和工作，令當地的中葡文化與東西合璧有一定的軟實力基礎，可以有效擔當中國與葡語國家的合作平台。

2018 年，在印尼的亞洲運動會有一段小插曲可以反映部分雙語、雙文化溝通者的土生葡人的立場取態。一名澳門女空手道運動員被通知代表團成員必須要用中國澳門特區的護照入境，但她不願放棄葡澳人士的身份，未有申請特區護照，最終未能成行，事情引起大眾關注。事實上，葡澳人士國籍的身份取向很值得關注和討論，這反映了某些葡澳人士在澳門特區新時代可能會有身份尷尬的問題，尤其是在對外的國籍問題上存有不明朗的模糊地帶。

本書既有宏觀的歷史背景的論述，也有微觀的個人化的描述，介紹葡澳人士在不同時空的發展，透過個人及家族尋根的方式，讓讀者

深入了解文化上同化了或血緣上吸納了亞洲尤其是中華元素的「葡亞人」，改變大家的一般印象，即澳門居民不一定全為華人的事實。本書以葡亞人士的角度，讓讀者在一般純華人立場以外，重新認識中葡交往與澳門作為中西橋樑的人際與文化軟實力。就此而言，筆者非常欣賞澳門國際研究所作為一個國際與中葡英多語化的支持機構，讓我們對澳門和中葡交往加深理解。希望本書廣為傳閱，讓澳門、華南、大中華，甚至是環球的華文讀者均能對葡亞／葡澳人士在華的經歷、他們特殊的橋樑身份和多方面的貢獻有更深入和全面的認識。

筆者有幸於 2012 年 3 月 19 日認識本書作者施安東。當時我以加拿大多倫多大學利銘澤典成加港圖書館（Richard Charles Lee Canada-Hong Kong Library, University of Toronto）顧問身份，主辦一個全日的澳門特區研討會，由澳門大學、澳門國際研究所協辦。澳門國際研究所特邀了定居美國加州灣區的葡澳人士、資深建築師施先生，他在會上發表關於葡澳人士的歷史淵源，行將出版的會議文集將有他精彩的一章。

相隔五年後，筆者在 2017 年 3 月 11 日與施先生一同出席葡美教育基金會在聖荷西市舉辦的周年學術會議，一同在一個聚焦澳門的討論環節擔任主講。當日在會上重聚時，施先生贈我一本親筆簽名、2015 年由澳門國際研究所出版的英文新書 *Macaenses : The Portuguese in China*（《澳門土生葡人：在華葡人後裔》）。其實，澳門國際研

究所之前已向筆者贈送該書，非常值得拜讀。因此，我鼓勵施先生稍為補充英文原稿的內容，加強個別部分的敍事，然後譯為中文與華文讀者分享。

施先生當時結識了另一位講者 —— 當時在紐約州立大學 Geneseo 分校歷史系任教的韓子奇教授。韓教授後來鼎力協助施氏撰寫本書的英文版原稿，本書的中文譯稿亦承蒙韓教授仔細審閱，並作詳盡的修訂建議，實在居功至偉。

此外，筆者 2014 年 7 月有幸在葡萄牙歷史最悠久、創於 1290 年的科英布拉大學（Universidade de Coimbra）認識澳門年輕學者葉浩男。葉君生於澳門，畢業於慈幼中學，2015 年夏獲澳門大學傳播系學士學位，2016 年 9 月入讀倫敦大學亞非學院（SOAS University of London）碩士研究生課程，其碩士論文聚焦澳門在中國與非洲葡語國家交往的角色。他亦曾在 2015 年至 2016 年在英文報章 *The Macau Post Daily*（《澳門郵報》）任職記者，中英兼擅，因此是筆者推薦為本書翻譯中文稿的不二之選。

希望本書的中文版洛陽紙貴，促使各地的華人更加了解葡亞／土生葡人這個特殊社羣對中外交流的貢獻。無論是葡治時代或是現今的中國特區時期，這些土生的葡亞裔社羣對澳門而言都不應被視為外人，因為他們是真正在澳門土生土長，先祖或有葡歐血統，甚至也滲

有其他亞洲人的元素，但均以澳門為家，亦願意為之效力，因此土生葡人甚至是廣義的環球葡亞人士，絕對是澳門維持多元化和中西文化匯流的軟實力支柱，不應被忽視或貶低，謹以此為序。

陳明銶
史丹福大學東亞研究中心傑出專家
里斯本大學東方研究所國際顧問團成員
2018 年 8 月 28 日寫於美國加州

＊本序文初稿為筆者粵語口述，經葉浩男君筆錄和協助整理，謹此申謝。

序三
夾縫社羣的毅力和創造力

　　近二十年來，全球史（global history）的研究日新月異，總的來說，是朝兩個方面發展。一個方面是對 1500 年後「西方的興起」（The Rise of the West）的研究，不再單向地從歐洲人航海大發現開始，往下追溯美洲、非洲、印度洋地區、東南亞地區，以至中國，一個接一個的「開發」。新的研究集中從多維度、多層次、多因素，探討世界各地複雜的關係和全球網絡的影響。其中最有啟發的觀點是「蝴蝶效應」（Butterfly Effects），即在世界某一地方發生的事，可以通過全球網絡影響到千萬里之外的社羣。全球網絡的特點是，既可以是有形的（例如航線、鐵路線、電話線）也可以是無形的（例如銀線、人羣關係網）。無論是有形或無形，全球網絡把世界各地的人力、資源、產品四處輸送，達至「人盡其才、物盡其用，貨暢其流」。

　　全球史另一個發展方向，是盡量兼顧各地的特色與各類社羣的貢獻。用 Dipesh Chakrabarty 的話，是「把歐洲邊緣化」（provincializing

跨越文化與時空的葡亞人：澳門葡裔的演化

Europe）。目的是顛覆「西方的興起」的大歷史敍述，把中心變為邊緣，把邊緣變為中心，凸顯歐洲以外地區的巨大貢獻。把中心與邊緣對調之後，新的全球史研究集中對全球各地夾縫社羣和弱勢社羣的分析，特別強調全球網絡下人羣活動的多樣性和多變性。

　　此書作者施安東（António M. Jorge da Silva）採用了新的全球史觀點去敍述澳門土生葡人的複雜歷史。他在〈自序〉裏清楚道明，他寫這本書的目的，是不讓澳門土生葡人的崎嶇歷程成為大歷史的註腳，淪為無關痛癢的旅羣回憶。從澳門土生葡人五百年來的歷程，施安東得出以下三個結論：

一、當航海大發現的時候，歐洲人（尤其是葡萄牙人）是抱着步步為營、一步一驚心的態度，來打開通往亞洲的航道。他們了解亞洲的海上貿易是中國朝貢制度的一部分，故此他們必須在中國沿海找到據點，才有可能在亞洲扎根。換句話説，「西方的興起」並

不是一帆風順、一步登天，而是經過一個從邊緣逐步顛覆中心的漫長過程。

二、正因為葡萄牙人了解亞洲的海上貿易是中國朝貢制度的一部分，他們對待中國政府是採取又團結又鬥爭的態度，一方面盡量妥協，一方面盡量爭取利益。施安東認為，這種「葡萄牙式的帝國主義」與後來的「英國式的帝國主義」是有本質上的差別，是基於互諒互讓、有商有量的平等對話。也是這個差別，導致二十世紀末期港、澳回歸時出現了不同的步伐和調子。

三、作為葡中之間的中介人，澳門土生葡人的身份十分特殊。一方面因種族血緣，他們在澳門是屬於領導階層；另一方面，因他們能講粵語和生活習慣與本地人相近，他們也是澳門本土文化的一部分。故此他們的身份一直是複雜的，總是遊離於中外、上層下層之間。正因為他們是多才多藝、生命力強，無論澳門興盛時也好（例如十七、十八世紀）、衰落時也好（例如十九、二十世紀），他們總有辦法找到安身立命之處。從澳門土生葡人的毅力與創作力來看，他們委實是二十一世紀全球人力流動（global labor migration）的最佳代表，既能隨機應變，又能自得其樂。

從以上三點，我們肯定施安東寫這部書是成功的。在施安東筆下，五百年來澳門土生葡人的崎嶇歷程，栩栩如生地呈現在我們眼前，絕對不會成為大歷史的註腳。

韓子奇

美國紐約州立大學 Geneseo 分校歷史系教授

2018 年 10 月 3 日 寫於香港

自序

　　葡萄牙人是首批在中國沿岸貿易的西方人，開啟了中國與西方接觸的歷史。但是，自二十世紀結束後，葡萄牙人在華的歷史似乎迅速從大眾的視線消失。不少西方學者著書探討葡萄牙人發現中國和日本的經過（即航海大發現的尾段），分析他們早期在澳門建立居留地的歷史、對華及對日貿易的興衰，以及英國如何取代葡萄牙而壟斷對華貿易。不過，有關來華葡人後裔的中英文著作仍然相對缺乏。而對於那些離開澳門、散居全球各地的葡萄牙人，相關書籍更是鳳毛麟角。

　　「澳門土生葡人」是指 1557 年起定居澳門的葡萄牙人後裔。他們是葡萄牙民族的組成部分，在葡萄牙人定居澳門、香港和上海等中國港口的歷程中擔當要角，絕非僅僅是歷史的註腳。有見及此，本人已寫了五本書，輯錄他們的歷史和姓名，以及從全球各地收集他們的照片和特色菜譜。整個系列的第六本專著 The Portuguese Community in Macau（《澳門的葡萄牙社群》）仍在撰寫當中。

跨越文化與時空的葡亞人：澳門葡裔的演化

西方世界一度閉關自守，後來與中國開展貿易，其間發生了大大小小的歷史事件，澳門人曾參與其中。澳門的葡萄牙當局與居民先後遭到荷蘭和英國威脅，中國也不時威脅要收回澳門，當地的葡萄牙人因此經常擔驚受怕。縱然這個羣體後來更要面對日益傾頹的經濟環境，但他們始終屹立不倒，見證了紛至沓來的歷史事件。

　　嚴格而言，本書是 *Macaenses : The Portuguese in China*（《澳門土生葡人：在華葡人後裔》）一書的第二版，不過新版增訂了不少材料，以至標題亦有所更改。本書旨在記述澳門土生葡人的歷史，部分內容在本人其他著作已有提及。但與過去的著作相比，本書較為詳盡地探討澳門土生葡人的起源，並分析澳門歷史上一些對混血和非歐裔人士的偏見。為了方便廣大讀者了解當時的實際情況，本書特別注重一些歷史研究者較為熟悉的事件。本書主角不單是在澳門生活的人，同時包括在澳門出生的葡萄牙人，以及祖先來自澳門但散居中國

沿岸的葡萄牙人。這個羣體在多元種族、語言和文化的環境裏生活，最初聚居葡治澳門，後來一部分移居香港和上海等地。本書講述他們橫跨四個半世紀的故事，論及起初葡華兩族相遇，以及他們在後來多個世紀和諧並存、各自安居的歷程。隨着時間流逝，愈來愈需要記錄澳門葡萄牙人的歷史及文化。

本書包含不少本人年輕時聽過説過、較為市井的粵語詞彙，與正規學校教授的標準粵語或有差異。但通過這些片言隻字的粵語，我有機會與港澳華人親密交往，讓我了解他們的想法。作為港澳土生葡人社羣一員，我通曉粵葡英三語，因此能理解葡裔社羣的所思所想。這些想法和感受時常反映在日常的交談之中，值得記錄留存。本書不少內容是由訪談所得，不經精雕細琢，直接反映受訪者的真實想法。

本書多個章節均有談及通婚問題。澳門土生葡人在過去數個世紀一直面對身份認同的問題，本書對此亦有所探討，而且部分內容或會被認為比較敏感甚至惹起爭議。縱然如此，我不認為應該任由時間沖淡這些話題。避而不談只會為後世帶來歷史空白。

我的家族正是土生葡人多元世界的一分子，母系祖先可以追溯至1737 年初領洗入教、被取名為 José de Santo António 的華裔孤兒。他相隔三代的後裔在 1900 年代初與 Jorge 家族結親。該家族自 1740 年起世居澳門。我的外高祖父若澤・維森特・卡埃塔諾・佐治（José Vicente Caetano Jorge）就是來自該家族，他在鴉片戰爭期間曾與清

跨越文化與時空的葡亞人：澳門葡裔的演化

廷派駐地方的道員談判。曾經擔任澳門王室大法官的亞利鴉架（Miguel de Arriaga）是我高祖父的父親，他在 1802 年從葡萄牙奉派來澳，應對圖謀控制澳門的英國人。我的高祖父 Anacleto José da Silva 則來自葡萄牙北部的雷亞爾城（Vila Real）。他在 1809 年指揮過一艘名為 Brig Indiano 的戰船，與另外五艘艦隻夾擊以張保仔為首的海盜勢力。這些先輩的事跡都在澳門歷史上佔一席位。

　　總括而言，本書記載了澳門葡萄牙人在中國沿岸長達四百多年的歷史，特別刻畫了他們在二十世紀的後裔遷徙全球各地前的記憶，特此推出中文譯本與廣大華文讀者見面。

　　　　　　　　　　施安東（António M. Jorge da Silva）
　　　　　　　　　　2017 年 12 月 8 日

緒論

葡萄牙人在航海大發現的尾聲抵達中國（1513 年）和日本（1545 年），約 1557 年起開始定居澳門，並且獲准在澳門建立貿易設施和永久性建築物。他們其後作為中介人重新開展被禁的中日貿易。這個葡萄牙居留地自建立起至今，已有接近四個半世紀，幾百年來葡華兩族互相尊重、和諧共存。

　　澳門的葡萄牙人包括了三個不同羣體：一、早期抵達澳門定居的葡萄牙人；二、他們往後多個世紀在澳門生活的後裔；三、遠渡重洋到澳門治理這個居留地及教會的葡萄牙人。來澳門的葡萄牙人除了商人，還有教士、官員、軍人和總督，多數只會暫居，完成職務後便返回祖家；但也有少數人長留在澳門，以婚姻作為紐帶融入本地社羣。這些本地葡萄牙人是社會精英，他們控制議事會，直接與高級官員打交道，一邊打着官方旗號與華人談判，一邊盤算自身利益。

　　澳門的「黃金年代」是對日貿易的興盛時期，但這段光輝歲月到 1639 年至 1640 年便告終結。荷蘭人和英格蘭人先後試圖搶佔澳門作為對華貿易基地，持續對澳門政府構成威脅。1689 年，英格蘭人終於成功繞過葡萄牙人，另闢門戶展開對華貿易，翻開中歐貿易新一頁。受粵海關支持的公行起初壟斷了英國東印度公司和其他歐洲商人的對華貿易，但是這種通商模式無以為繼，並且成為鴉片戰爭的導火線。1842 年，香港在戰後被割讓為英國殖民地。英國和其

他歐洲國家的商人紛紛將產業和葡裔員工從澳門移到香港。生於澳門的葡萄牙人開始離鄉別井，到香港甚至北方的中國港口謀生。

這些澳門葡萄牙人非常機智，通曉多種語言，對僱主忠心盡責，工作備受肯定，但當他們的職級與英國人相若時，總會被打壓。自命高人一等的英國人害怕葡萄牙人搶了他們的位置，處處步步為營。但葡萄牙人依然謙卑工作，頑強適應。第二次世界大戰後不久，中國遇上政權更迭，1999 年葡萄牙將澳門歸還給中華人民共和國。面對這種種轉變，很多澳門的葡萄牙人遠走他方，移居世界各地。

葡萄牙人和和氣氣地到來，也和和氣氣地離去。中葡兩國在四個多世紀間摩擦甚少，世所罕見。雙方人民尊重彼此習俗，和諧並存，共同渡過不少困難和危機。就算澳門政權移交後，兩國依然友好，禮尚往來。同時，葡萄牙人和他們在澳門與其他通商港口的後裔，締造了燦爛多彩的文化，充分展現他們獨特的語言和美食，值得後世重視。幾百年來，澳門葡萄牙人見證了東亞地區的經濟停滯和戰火連天，也經歷過亞太繁榮興盛的時光。雖然在殖民時代的尾聲，他們遷徙各地，各散東西，但也留下不少美麗的回憶和動人心弦的故事。

今天，澳門土生葡人從中國各地遷移到西方社會，面對截然不同的生活環境。與大多數前殖民地羣體不同，澳門土生葡人始終重視自己的父系血統，繼續視葡萄牙為祖國。然而，隨着他們與其他

英格蘭

歐洲

葡萄牙　西班牙

亞速爾

里斯本　帕洛斯
薩格里休
休達
馬德拉羣島、
聖港島
加那利羣島

大西洋

博哈多爾角

布蘭科角

佛得角羣島

塞內加爾河

岡比亞河

非洲

阿拉

迪亞士

馬林迪
蒙巴薩
溫古賈島
基爾瓦

莫桑比克

麥哲倫

利斯菲

十字岬

華維斯灣

南美洲

巴伊亞

達嘉馬

呂德里茨

里約熱內盧

阿爾瓦雷斯

馬達加斯加

開普敦　莫塞爾灣

好望角

圖 2　葡萄牙的發現之旅（1400 － 1500 年）

荷莫茲海峽

中國

日本

印度

太平洋

吉大港

上海

九州

種子島

廣州

阿豐素雅布基

香港

澳門

果亞

卡利卡特

錫蘭

歐華利

菲律賓

薩馬島

關島

霍蒙洪島

麥克坦島

馬六甲

汶萊

婆羅洲

摩鹿加群島

西里伯斯

安汶

新畿內亞

印度洋

東帝汶

澳洲

(麥哲倫於菲律賓克坦島遇害後

Del Cano繼續帶領船隊回葡萄牙)

迪烏

立島

種族、宗教和習俗相異的民族相處機會的增多，關於個人身份認同的問題亦日益浮現。為了要在多元種族的社會生存下來，他們要奮力適應、調整生活，殊不容易。但事實證明，散居各地的澳門葡萄牙人一如他們數個世紀前的先輩，繼續在多民族和多語言的社會發揮所長，創造美好的將來。

第 一 章

海外
大發現

711 年，穆斯林戰士橫渡休達與西班牙南端之間狹窄的直布羅陀海峽，意圖征服伊比利亞半島。這些摩爾人士兵佔領了伊比利亞半島南部的大部分地區。伊比利亞人（即現時的葡萄牙人和西班牙人）頑強抵抗，最終收復失地。葡萄牙人前後用了五百多年才將摩爾人驅趕出去，西班牙人則要花多四十多年方告成功。葡萄牙人後來在 1415 年佔領了北非港口休達，當地正是七百年前摩爾人發動侵略的起點。葡萄牙人一舉穿越狹窄的直布羅陀海峽，勢如破竹，建立他們的海上霸權。葡萄牙人從俘虜和商人獲得了許多有用的資訊，包括非洲西海岸尼日爾和塞內加爾河流域藏有大量金礦，同時認識到通往印度馬拉巴爾海岸和婆羅洲之外的香料羣島的商業路線。這些資訊大大激發了葡萄牙人進軍歐洲商業舞台的興趣。

明代中國（1368 — 1644 年）國力強盛，舉世無雙，經濟自給自足，佔世界人口約四分之一。當時的歐洲正好相反，在黑死病的陰影下掙扎，貧困不堪。這場疫症始於十四世紀中葉，席捲歐洲大部分地區，截至十四世紀末奪走了近半歐洲人的性命。與此同時，英法百年戰爭（1337 — 1450 年）為兩國的經濟帶來沉重打擊。這時東方的絲綢、香料、寶石和瓷器等貴重商品與西方的黃金和白銀之間的交易日增，加劇了早受重創的歐洲貿易失衡情況。意大利北部城市（尤其是熱那亞、佛羅倫斯和威尼斯等重要的地中海港口）

控制着南歐的經濟命脈。[1] 由於佛羅倫斯和威尼斯失去了壟斷歐亞貿易的地位，而熱那亞亦從鄂圖曼人掌控的黑海和「地中海—中亞—中國商路」中突圍而出，熱那亞人開始將焦點轉移至他們曾經壟斷一時的伊比利亞半島南部。他們財富和權力的多寡取決於「對西歐通過伊斯蘭世界、連接中印的商業路線其中一個關鍵環節的壟斷」。[2] 在這條交易路線上，最重要的商品是黑胡椒、薑、肉桂和丁香等香料。

在葡萄牙開拓和控制香料貿易的航海事業上，教會的角色頗為重要。歷史學者博克塞（Charles Boxer）指出，教會在授權葡萄牙國王尋找黃金和香料之餘，亦賦予了他一系列權力，包括「攻擊、征服和制服薩拉森人、[3] 異教徒和其他損害基督的無信仰者，佔據他們的貨物和領土，將他們變成終身奴隸、並將其土地和財產轉讓給葡萄牙國王及其繼承者」。[4] 有歷史學者指出，1452 年頒佈的教宗詔書 Dum Diversas 針對的，可能就是曾經侵佔伊比利亞的摩爾人。1455 年的教宗詔書 Romanus Pontifax 則授權葡萄牙人在新發現土地上，將異教徒歸化為天主教徒，以及「建造教堂和修道院……派遣神職人員主持該處聖禮；但沒有具體提及派遣傳教士向無信仰

1　Giovanni Arrighi, *The Long Twentieth Century* (London; New York: Verso, 2010), pp. 116-121.

2　Ibid., p. 41.

3　薩拉森人或稱撒拉森人，泛稱信奉伊斯蘭教的阿拉伯人。

4　C. R. Boxer, *The Portuguese Seaborne Empire The Portuguese Seaborne Empire: 1415-1825* (Manchester: Carcanet Press, 1991), p. 21.

者傳播福音」。[5] 對葡萄牙人而言，遵循教宗詔書是神聖的義務和責任。葡萄牙人經過了長達五百年的侵略和壓迫，最後找到機會擴張至非洲、印度和中國。

十六世紀初，多數歐洲人對歐洲以外的世界認識不足。當時阿拉伯商人在印度西部馬拉巴爾海岸、馬來半島和婆羅洲以東的香料羣島從事貿易，熟悉紅海和波斯灣的航線，但人們幾乎對西非海岸和更遠的大洋一無所知。葡萄牙人從俘虜口中，了解到阿拉伯人控制了穿越北非的商業路線，同時看見由撒哈拉沙漠以外經陸路運往西方城市的黃金、香料、絲綢和寶石等貴重商品。他們意識到，與其在穆斯林主導的陸地爭奪現有貿易路線，不如改以海路進發。這預示了葡萄牙人將要開闢一條運輸黃金和香料的海上通道。這個想法與傳播天主教的傳教士不謀而合，成為葡萄牙人「發現之旅」的夥伴，一起闖蕩天下。不過，到底是歐洲人對東方的「發現」改變了世界？抑或是歐洲因為這個「發現」而被改變了？這正是安德烈·貢德·弗蘭克（Andre Gunder Frank）的基本論題。他主張在理解世界經濟史時採取一種「非歐洲中心」的觀點，又指「後世歷史學者」描繪了以下的普遍印象：

> 「歐洲」或「西方」一直都是世界「中心」
> （心臟或靈魂）……現代歷史，不論早晚，都是

5　Ibid., p. 22.

由歐洲人創造⋯⋯他們自己「創造」了歷史，
對此加以利用，毫不質疑真相是否可能恰好相
反、會否是世界成就了歐洲。[6]

　　葡萄牙人首次航行至非洲西北部前，中國人在明代已經乘着寶
船西行。在紫禁城尚有數年就要竣工（1402 — 1424 年興建）時，
宦官鄭和（1405 — 1433 年七下西洋）的船隊已在其第六次航行
（1421 — 1422 年）時抵達阿拉伯半島和東非。當時葡萄牙人剛發
現葡萄牙本土西面的馬德拉羣島，尚未航至非洲。鄭和的船隊本應
可在葡萄牙抵達畿內亞海岸前，率先繞過好望角發現歐洲，但歷史
卻往另一方向進發。在他第七次亦即最後一次遠航時，鄭和最遠只
到了卡利卡特[7]。鄭和在 1435 年去世後，他的船隊慘遭燒毀，航海
記錄被宦官和儒家官僚銷毀。一些學者猜測，鄭和的遠洋考察旨在
建立善意與和平的外交關係。他們認為中國無需輸入西方貨物或財
富，缺乏探索遙遠西方的真正動力。與此相反，即將開展航海大發
現的歐洲人需要一條通向東方財富的新貿易路線。

　　葡萄牙人用了五十多年才繞過西非沿岸。他們首先穿過加那利
羣島南面的博哈多爾角，之後繞過畿內亞海岸，再從剛果沿西海岸

6　Andre Gunder Frank, *ReOrient: Global Economy in the Asian Age* (Berkeley:
　　University of California Press, 1998), pp. 2-3.

7　明代古籍中裏稱「古里」。

直達好望角。繞過非洲南端的葡萄牙人不僅觀察到洋流變化，還發現了沿岸的各族原住民。葡萄牙人發現，在東海岸上聚居的是一支阿拉伯的斯瓦希里人部落，與波斯灣外的穆斯林商人建立了長久的貿易關係。葡萄牙人自阿拉伯人七百年前入侵伊比利亞半島起就視穆斯林為宿敵，但是一直都未能擊敗對方。

葡萄牙國王曼紐一世（Manuel I de Portugal，1495 — 1521年在位）繼位後，銳意繼續尋找香料商路和傳播天主教，命令華士古・達嘉馬（Vasco da Gama）展開了史詩般的航海。在阿拉伯嚮導協助下，他乘着「聖嘉俾厄爾號」艦在 1498 年抵達位於馬拉巴爾海岸、北距卡利卡特城僅數英里之處。他們到達了香料貿易中心地帶，開始實現這次航行的目標，但與非洲的部落相比，印度的社會更為複雜，讓葡萄牙人手足無措。華士古・達嘉馬和他的同伴就像站在一個陌生民族的門邊，雖然知道對方的存在，但對他們的思想傳統一無所知。

1508 年，亞豐素雅布基（Afonso de Albuquerque）奉葡萄牙國王之命攻佔卡利卡特和果亞。他攻打卡利卡特不果後被迫撤退，直到 1510 年終於不負所望，攻下果亞並將之闢為葡萄牙人在印度的主要居留地。位於馬拉巴爾海岸的果亞是重要的戰略基地，港口條件較當時葡萄牙人在印度南部使用的科欽港更為優越。果亞海港是封閉的海灣，地形有利抵禦海上襲擊，此外，果亞南北兩河的河

口為葡萄牙人提供了安全的落腳點。因此，果亞很快就取代卡利卡特，成為馬拉巴爾海岸的主要商港，但直到 1530 年才成為葡屬印度的首府。隨着馬拉巴爾海岸的香料貿易轉移至果亞，葡萄牙人下一步就是佔領香料運輸必經的馬六甲海峽。一年後，葡萄牙人佔領了馬六甲，該處是蘇門答臘島與馬來半島之間最狹窄的地方，是阿拉伯和印度商人的必經之處。葡萄牙人經過激烈的一役，在 1511 年終於奪取了這個重要港口，成功控制了馬六甲。

在征服了果亞和馬六甲、控制了冀盼已久的香料貿易路線後，葡萄牙開始派人管理海外居留地。在十六世紀中葉，葡萄牙人口剛逾百萬，每年約有二千四百名壯健男了前往海外，多數是到果亞或更遙遠的東方，大部分人來自里斯本、北方的米尼奧和杜羅、馬德拉羣島或亞速爾羣島[8]。葡萄牙其他地方人口稀少，勞動力不足以開發土地。不少農民、牧羊人、漁民和囚犯都被派遣出海，前往非洲、印度或更遠的新大陸。他們的教育程度較低，多為文盲，很多都在六至八個月的旅途中死去，有些則在非洲和其他熱帶地區患病不治。因此，葡萄牙難以為海外居留地提供足夠人力。另一方面，或許是受摩爾人數個世紀的統治和穆斯林傳統的影響，葡萄牙婦女通常留在國內，只有極少數會跟隨男性前往東方，而且多數都未能熬過旅程抵達目的地。不過，在十六世紀，每年都有來自葡萄牙大

8　C. R. Boxer, *The Portuguese Seaborne Empire*, p. 52.

城市的女性孤兒被派到海外，多數前往果亞，但只有極少數能夠生存下來。

葡萄牙商人和貴族（fidalgo）紛紛意識到海外有生財機會，不惜離鄉別井，遠渡重洋。在果亞，亞豐素雅布基開始組建葡屬印度首都的政府，並且鼓勵葡萄牙人與當地民眾通婚，試圖「漸進式殖民而非武力統治」。他們知道白人女性難以長途跋涉前往果亞，葡萄牙人必須與當地人通婚才能成功殖民，融入當地社會，成為「大地之子」（filhos da terra）。

在佔領果亞和馬六甲並發現摩鹿加羣島一年後，葡萄牙人已經控制了香料貿易，達到最初定下的目標。在東非、印度和馬六甲航行時，葡萄牙人聽到曾經有人乘坐大船到達當地，可能就是兩個多世紀前馬可孛羅遇到的民族。這些真假難分的傳說，於 1513 年成為歐華利毅然出海前往中國的一大動機。

青洲

灣仔島

沙梨頭

蓮峰廟

黑沙環

望廈

普濟禪院

劏狗環

東望洋山

下環

南灣

西望洋山

馬閣廟

圖 3　澳門地圖（1557 年）

第 二 章

葡人來華

歐華利（Jorge Álvares）是首位抵達中國海岸的歐洲人，他首先將船停靠在 Tamão。[1] 澳門土生葡人歷史學者白樂嘉（José Maria "Jack" Braga）指歐華利的船隻停泊的 Tamão 是屯門（T'un Men），[2] 離廣州東南面六十英里，距澳門東北面三十英里。[3]

　　由於外貌、穿着、行為和語言的差異，華人和葡萄牙人在首次相遇後對彼此印象不佳。雖然出於好奇，他們總是想多了解對方；但天生的防禦機制亦令他們提高警覺，步步為營。葡萄牙人臉頰狹窄、面毛較多、皮膚粉白或呈橄欖色、有淺色瞳孔、圓眼睛和大鼻子，與「有黑色直髮和深色眼眸、面部略扁、有蒙古褶〔杏眼〕和少毛」的華人形成鮮明對比。[4] 好奇的華人望着這些鬍鬚長長、素未謀面的西方人，總是敬而遠之。而初到南中國地區的葡萄牙人，也是一步一驚心，到處提心吊膽。但總體來說，這次相遇算是成功的。就在這個看來無足輕重的珠江口岸，兩地人民開始連結起千絲萬縷的聯繫，歷多年的經營，把澳門變為世界航海貿易的中轉港，吸引西方大國經此走進廣闊的東方世界。

　　葡萄牙人發現自己亟需加深對東方的了解。早在基督宗教興起前，中國就有封建王朝，自認比外國優越。中國人認為中國就是世

1　C. R. Boxer and Charles Ralph, *Macau na Época da Restauração*, Vols I e II (Lisboa: Fundação Oriente, 1993), p. 27, app. 8.

2　J. M. Braga, China Landfall, *1513 : Jorge Álvares' Voyage to China. A compilation of Some Relevant Material.* Instituto Português de Hongkong (secção de história), Macau: Imprensa Nacional, 1955), p. 30.

3　Ibid., p. 73.

4　D. E. Mungello, *The Great Encounter of China and the West, 1500-1800.* 3rd edition (Lanham, MD: Rowman and Littlefield Publishers, 2009), p. 33.

界中心，他們的君主就是天子，天下萬民皆要俯首稱臣。華人在首次與葡萄牙人接觸時，便鄙視對方，視為「非我族類」，蠻夷走獸。華人不但反對與葡萄牙人建立持久聯繫，而且禁止他們進入中國內地。

在中國，葡萄牙商人被視為追逐利益的異域妖魔。雖然奉儒家為宗的封建朝廷對葡萄牙人毫不在乎，但在社會底層的商人卻對這些外國人投以關注，後來為中國的經濟和政治制度帶來變革和動盪。中國充溢的財富和興盛的儒學導致了充滿中國中心主義的外貿限制，這種思潮在明朝立國不久達到巔峰。[5] 當時中國商人被禁止航海，外貿嚴重受限。朝廷為了抵禦日本倭人的威脅和遏制沿海的走私活動，全面禁止對日貿易。

葡萄牙人到澳門有兩大目標：對華貿易和傳揚福音。響應葡萄牙的目標和天主教會的訓導，耶穌會、方濟各會、多明我會和奧古斯丁會等天主教修會紛紛派傳教士來華，影響了明清兩代的發展。當中最具影響力的是試圖將天主教義與儒家思想（而非佛教或道教）融為一體的耶穌會士，他們意識到儒學是攸關財富、地位和權力的哲學，而窮人則更有可能在佛教和道教找到心靈避難所。[6] 華人甚為排斥外國傳教士的宗教思想，視他們為侵蝕中華大地的害蟲。對於這些傳教士的堅持和西方人試圖建立的恆久貿易關係，華

5　Ibid., pp. 5-6.

6　D. E. Mungello, *The Great Encounter of China and the West*, p. 20.

人感到十分陌生。在中國，幾乎無人願意接受這些新的事物和觀念，只有社會最底層的人民才察覺到與西方交往是有利可圖的。

1515 年，歐華利乘坐包船來到屯門，肩負了促進與華貿易的任務。但由於中國的政治體制錯綜複雜，遠超葡萄牙人的想像，歐華利最初的談判均失敗而回。另一方面，中方對葡人更為警覺，因而誤解了禮炮的意義，後來又有數宗導致雙方關係惡化的事件（包括一名葡萄牙船長試圖在中國土地上修築炮台），導致中方斥令所有葡萄牙船隻馬上離開。但葡萄牙人對貿易的熱情並沒有減退，繼續與沿海的華人非法買賣，貿易範圍最遠曾達長江出海口。他們在浙江寧波以東的一個島上建立小型居留地，名為雙嶼港。據平托（Fernão Mendes Pinto）的《遠遊記》（Peregrinação）記載，中方在 1542 年摧毀那塊居留地：

> 一支有三百艘帆船和 80 艘手搖划船的中國艦隊不用五個小時就將該處摧毀，造成 12,000 名基督徒死亡，其中有 800 名葡萄牙人困在 35 艘 naus〔葡式快帆船〕和 42 艘帆船內、活活燒死⋯⋯兩年後，葡萄牙人試圖在雙嶼港以南一百海里的漳州港〔近廈門〕再次建立居留地⋯⋯[7]

---

7 Fernão Mendes Pinto, *Peregrinação, Transcrição de Adolfo Casais Monteiro*, 3º tir. (Lisboa : Imprensa Nacional Casa da Moeda, 1988), p. 700.

眼見在中國東北海岸的貿易無以為繼，葡萄牙人於是南撤至福建沿海的城鎮和廣東近岸的島嶼。中國的一些商人階層（包括很多華南沿岸官吏）沒有儒家思想對商人的偏見，繼續與葡萄牙人交易。遠離朝廷的官員幾乎可以任意批准和鼓勵非法對外貿易，甚至收取回扣和賂款。只要銀錢付足，地方官府就容許貿易繼續進行。

　　據中國地方誌記載，佛郎機〔異域妖魔〕的船隻在 1534 年和 1535 年等年份到了澳門。只要細讀沿海地區史冊，就會發現儘管官方禁止與佛郎機人來往，實際上除了朝廷高官以外，中國的商人和小官小吏都歡迎與葡萄牙船隊貿易。

　　我們發現葡萄牙人在 1549 年後似乎與中國官員達成了某種共識，葡萄牙船隻抵達了上川島（São João，即「聖約翰島」）和浪白滘（又稱「浪白竈」或「浪白澳」）。[8]

8　José Maria Braga, *The Western Pioneers and Their Discovery of Macao* (Macau : Imprensa Nacional, 1949), pp. 80-81.

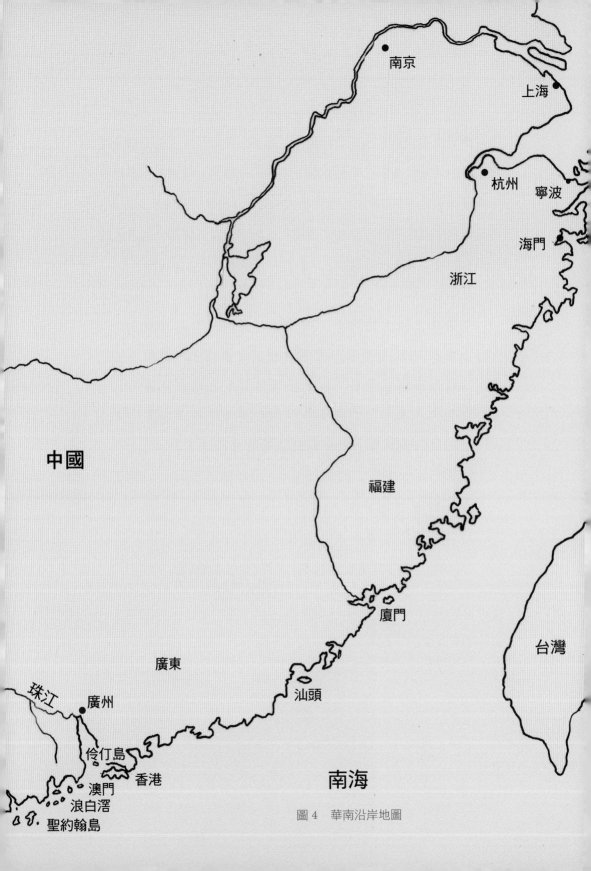

南京

上海

杭州　寧波

海門

浙江

中國

福建

台灣

廣東

廈門

珠江　廣州

汕頭

伶仃島

香港　　　　　　　南海

澳門

浪白滘

聖約翰島

圖 4　華南沿岸地圖

葡萄牙人的船隻最初停泊在上川島，數年後繼續北上，抵達近珠江口的浪白滘。據耶穌會士路易斯・弗羅斯（Luíz Froes）估算，在 1555 年約有四百名葡萄牙人住在浪白滘。[9] 上川島距離澳門西南約六十英里，浪白滘大約在兩地中間，附近有一個靠近河口、名叫阿媽澳的天然避風港。葡萄牙人隨着來華日久，常常來到這海灣。一些葡萄牙人在 1553 至 1555 年間移居該處，並且基於華人對神明「阿媽」的崇敬，將這個細小的半島命名為 Macau。

　　　　明代中葉以前，澳門這一地名尚未出現，半島
　　　　的北部名叫望夏或旺廈，南部則有個帶海水氣
　　　　息的名字——蠔鏡。這是因為這一帶的很多地
　　　　區海水較淺，產蠔甚多，不少地名都帶「蠔」
　　　　字，而這一半島的南部有南北兩個海灣，「規
　　　　圓如鏡」，故被命名為蠔鏡。[10]

　　葡萄牙人定居前的澳門半島人煙稀少，只有少數閩籍漁民在東北沿岸居住。「在這個岩石嶙峋的半島上，可耕之地不多，只有望廈一帶尚有少量耕地。蠔鏡、望廈的居民主要靠割蠔、捕魚為生。」[11] 1557 年，廣東官府允許葡萄牙人定居澳門。當地人口在八年間迅速

9　　Ibid., p. 83.

10　Chengkang Fei, *Macao 400 Years* (Shanghai: House of Shanghai Academy of Social Sciences, 1996) , p. 9.

11　Ibid., p. 13.

增至約九百人，包括「商人、馬來亞族男女、印度人、黑人和大量的中國人」。[12] 精於木工與造船的福建移民很快移居澳門，他們後來在建造老閘船（lorcha）時貢獻良多。由於澳門人口與日俱增，很快就將當地農民吸引到了澳門半島北邊的香山，愈來愈多漁民向歐洲人和他們同伴供應食物。

葡萄牙商人與中國商人通過貿易，建立起一種特殊關係。華人居民從未見過的大型建築羣拔地而起，經過多年經營，澳門景貌迅速改變，不單是中外貿易居留地，宛然像一個外國佔領區。華人此時才意識到必須劃清邊界，限制葡萄牙人繼續擴張。

1573 年，由於一羣非洲奴隸犯下搶劫，華人在半島最狹窄處的香山修建閘門，標明邊界。該門最初每周開啟一次，不久每日早上開放、晚上關閉，[13] 後來更出現針對陸路進出澳門的貨物管制和稅項，以及葡萄牙人需向中方繳納地租，但這不代表澳門是由明朝管治。這些款項僅由廣東的官府和官員經手，有時甚至只是由控制關閘的香山縣管理。

在澳門居留地獲得承認前，葡萄牙人與華人已經以貿易互通有無。中葡商人相互理解、共同努力。儘管華人對待外來人態度相當高傲，但雙方商人依然同心協力，維繫有利可圖的生意。葡萄牙人

---

12   Beatriz Basto da Silva, *Cronologia da História de Macau*, Vol. 1 (Macau: Direcção dos Serviços de Educação e Juventude, 1998), pp. 40-49.

13   Ibid., p. 50.

跨越文化與時空的葡亞人：澳門葡裔的演化

024

幾乎在每筆交易時都要花錢進貢，很快就學懂了談判妥協的藝術和
「禮物」的重要。同一時間，中葡在宗教思想方面的互相理解也日
漸深入，歷史學家孟德衞（David Emil Mungello）稱之為「中西
潛在的相互影響和交流」，[14] 是十六世紀至十九世紀中葡「偉大相
遇」的典範。雙方日益緊密的聯繫使他們在貿易時互相庇蔭。華人
為了抵禦海盜和保護貨物，需要葡萄牙船隻和槍械力量保護。當後
來其他西方列強試圖取代葡萄牙人時，葡萄牙人則依靠華人的支持
來繼續壟斷對華貿易。

根據一些史料，由於葡萄牙人在 1557 年獲得朝廷許可定居澳
門，放棄了北上廣東的計劃。[15] 當時浙江到廣東沿岸海盜猖獗。高
志（Austin Coates）提到海盜敗退後的微妙情況：

> 華人看到這種情況，於是實務而精明地順勢將
> 蠻夷置於大河口來防守河道……華人並無作出
> 任何重要退讓。對他們而言，半島只是泱泱大
> 國的小小角落，這些不進貢的外國人只要交足
> 稅項，就可定居。[16]

---

14   D. E. Mungello, *The Great Encounter of China and the West*, p. 12.

15   C. A. Montalto de Jesus, *Historic Macao*, 2nd edition (Hong Kong: Oxford
      University Press, 1984), p. 23.

16   Austin Coates, *A Macao Narrative* (Hong Kong: Heinemann Educational Books
      〔Asia〕1978), p. 23.

華人確實沒有甚麼可以損失。澳門只是珠江口一個海盜肆虐、毫不起眼的角落，幾乎四面環海。葡萄牙人可以守衛通往廣州的入口，不費中方一分一毫。澳門最初為當地商人和官員帶來微薄收入，漸漸成為葡萄牙人對日貿易的大本營，永久性建築物開始拔地而起。1586 年，葡萄牙頒佈法令正式承認澳門的地位和名稱，將之從「中國馬交神名鎮」（Povoação do Nome de Deus do Porto de Amacao na China）易名為「中國神名鎮」（Cidade do Nome de Deus na China），當地華人則稱該地為「澳門」或「濠鏡澳」等。[17]

對於中方允許葡萄牙人定居澳門並建造教堂等永久性建築的原因和過程，學者有些看法。博克塞指出「來自西邊大洋的蠻夷」最初試圖在華南沿岸大展拳腳，但都失敗告終。他寫道：

> 沿海省份廣東和福建的官員為了私利參與走私貿易。葡萄牙人最終得以在澳門站穩陣腳（1557年）。在京城的皇帝約二十年後才發現此事，不得不施行制裁。由於當時中日頻繁摩擦，明朝為了打壓「倭寇」實施中日貿易海禁政策，澳門的葡萄牙人似乎明正言順地扮演着兩國貿易的半官方渠道。[18]

17　Chengkang Fei, *Macao 400 Years*, p. 39.

18　C. R. Boxer, *The Portuguese Seaborne Empire*, p. 63.

葡萄牙歷史學者徐薩斯（Montalto de Jesus）則稱，澳門被「無條件割讓給葡萄牙人」，理由是該殖民地原本並沒有繳納地租，而且當地政府嚴格按照葡萄牙法律行事，並沒有依賴、依附或牽連中國的法律或官員。[19]

歷史學者費成康寫道：

> 據《明實錄・熹宗實錄》、《明史》、《澳門記略》等書籍的記載，廣東官府於 1535 年允許外國商船入泊蠔鏡，蠔鏡從此成為像浪白、十字門那樣的中外互市之地。這些書籍還指出，這一變動，是外國商人向一個指揮使行賄……要由他「請於上官」的結果……可見，除非發現更確鑿的史料，基本上可以推斷，蠔鏡於 1535 年被廣東官府闢為進行對外貿易的洋澳。[20]

博克塞與費成康合理地解釋了葡萄牙人最初如何定居澳門，但歷史學界對澳門作為葡萄牙合法領土依然爭議不斷。

澳門最初只是一塊居留地，後來才成為葡萄牙殖民地。殖民地的定義是由遠離家鄉的一羣人定居並由其國家政權管轄的地方。

19　C. A. Montalto de Jesus, *Historic Macao*, p. 37
20　Chengkang Fei, *Macao 400 Years*, pp. 16-17.

白屋

白沙嶺

粤海關
澳門關部行台

關閘

關閘廣場

蓮峰廟

青洲

沙梨頭

黑沙環

沙梨頭炮台

望廈

中國海關大樓

普濟禪院

劏狗環

灣仔島

聖安多尼教堂

聖保祿教堂

大炮台

城牆

東望洋山

望德堂

玫瑰聖母堂

大三巴

下環

聖奧斯定堂

加思欄

南灣

聖老楞佐堂

媽閣廟

西望洋聖堂

燒灰爐炮台

媽閣炮台

圖5　十七世紀的澳門地圖

葡萄牙人在澳門的定居並非來自武裝征服，而是建基於把澳門變為中葡永久貿易基地。雖然我們不能確定雙方曾否簽訂正式條約，但他們確實達成了協議。如果該協議是以王室法令的形式簽訂，其權威則毋庸置疑，但由於它是由地方當局協商達成，立約雙方的權威值得我們再加討論。不過，無論該協議是否涉及賄賂、繳納地租或經澳門而獲取的巨額利潤，中方確實允許葡萄牙人留在澳門、依葡萄牙法律治理和建造永久性建築。雙方沒有採取軍事手段或其他行動，互不干涉。有人認為，一個外國國家能夠從未間斷地佔據一片中國土地達四百多年而未遭抗議，事實上就是證明中國已經劃出澳門半島給葡萄牙作為永久領土，但中國稱除了在 1862 年被迫簽署《北京條約》，從來未有授權葡萄牙管治澳門。時至今日，葡萄牙已經將澳門的領土主權歸還中國，問題已經解決，但是未來的史書會否繼續探討這個話題？葡萄牙人無疑已經離開，昔日飄揚的葡萄牙國旗已經降下，但歷史上的主權問題依然會爭議不斷。

第三章

澳門 —— 長崎
貿易網

歷史學者經常爭論葡萄牙人在 1542 年發現日本的過程。《遠遊記》的作者平托據稱是首位登陸日本的葡萄牙人。一些學者則認為，日本的發現要歸功於三名因颱風偏離航線的葡萄牙商人，指出他們在鹿兒島和九州以南的種子島登岸。博克塞似乎採納了第二種看法，但他認為該三人並非商人，而是逃兵。[1] 無論如何，日本的發現很快就帶來了「黃金」，刺激了航海大發現時代的商貿發展。此舉有助打破中日之間的禁運，同時將天主教教義傳到東方世界。

　　葡萄牙人很快就了解到，雖然明太祖（1368 — 1398 年在位）在 1371 年以倭寇肆虐為由，下令禁止臣民與日本貿易，但兩國走私活動依然活躍。該法令在明成祖（1402 — 1424 年在位）時一度取消，但在 1550 年由明世宗（1521 — 1567 年在位）再度實施。葡萄牙人從華南沿海的華人船員和商人得悉，日本人對中國絲綢甚有興趣。中國絲綢不久就在日本南部沿海市場出現。與此同時，華人渴求白銀，這讓葡萄牙人的中介生意蒸蒸日上，持續近百年之久。正如安德烈・貢德・弗蘭克所說：「金錢在世界繞圈，也讓世界隨之運轉。」[2] 葡萄牙人可謂佔盡天時地利。

　　自西至東、從果亞到馬六甲，葡萄牙的尋寶軸線進一步東移至澳門。葡萄牙人既然已經靠近了中國商品的貨源地，他們下一步就是開闢一條選貨和訂貨的路線。明朝儘管堅拒外國人在廣州設立基

1　C. R. Boxer and Charles Ralph, *Fidalgos in the Far East, 1550-1770*, 2nd Rev. edition (Hong Kong; London: Oxford University Press, 1968), p. 2.

2　Gunder Frank, *ReOrient*, p. 41

地，還是在 1550 年批准設立一年兩期的「交易會」。[3] 交易會是簽約訂購上等中國絲綢的場合，每年 12 月至 1 月，以及 5 月至 6 月舉辦，訂貨通常要提前一年。葡萄牙人在每屆展會後都必須返回澳門。根據博克塞記載：

> 一般而言，冬季展會的貨物會出口到印度、歐洲和菲律賓，夏季的則會銷往日本。

> ……絲綢和絲綢製品是最重要的商品，此外還有黃金、麝香、瓷器、胭脂和大黃……儘管經澳門轉口的大部分中國絲綢都會銷往日本，但仍有部分餘下的會供應印度市場，有些甚至會經果亞轉口到歐洲，或是經馬尼拉運往西班牙美洲。[4]

繼果亞、馬六甲和澳門後，葡萄牙人又到了日本定居，建立貿易基地和傳教。日本人對此表示興趣，允許葡萄牙人在首次登陸地點附近的長崎建立貿易基地。葡萄牙人以澳門作為中轉站，貿易日益蓬勃。載着絲綢、黃金、黃銅、麝香、中國木材和陶器等的商船

3　Beatriz Basto da Silva, *Cronologia da História de Macau*, Vol. 1, p. 34.

4　C. R. Boxer, *The Great Ship from Amacon* (Macao: Instituto Cultural de Macau, Centro de Estudos Marítimos de Macau, 1988), pp. 5-6.

的體積愈來愈大，穿梭於日本海與南中國海。[5] 另外，遠航船從澳門出發，穿過馬六甲海峽，把貨品運往印度馬拉巴爾海岸以西的科欽和果亞。隨着海盜氣燄緩和，絲綢和白銀得以在澳門與長崎之間自由流通。由於中日貿易利潤龐大，葡萄牙人社羣在中日的兩個居留地迅速壯大。供求法則催生了翹首以盼的客戶、雙方的貿易基地和交通工具，葡商要做的只是將商品運往目的地。

葡萄牙人意識到，他們與果亞、馬六甲乃至澳門的人民已經融為一體，開始自信地在日本成家立業。跟在澳門與華人的關係不同，葡萄牙人和日本婦女的混血後代，多年後在長崎形成了一個小型葡日社羣。一些葡萄牙人與日本天主教徒通婚，並且跟隨他們的習俗與家人在日定居，成為葡萄牙後裔的新搖籃。這些葡日混血的後代，很快就與一些果亞的葡印家庭和「葡萄牙—馬六甲」家庭（當時還未有葡中家庭）到達澳門。與此同時，愈來愈多葡萄牙本土貴族來到澳門。來澳的葡萄牙人不再只是商人，還包括了意圖迎娶澳門的歐亞裔富商小姐以獲取豐厚嫁妝的投機之徒。

耶穌會傳教士（Jesuits）也隨同商人到達日本，不久天主教就在當地生根發芽。耶穌會士借助出色的語言能力，及與高層的接觸和影響力，最終在 1571 年以長崎作為在日本傳揚天主教的基地。在耶穌會介紹下，葡萄牙人與日本富甲一方的大家族建立貿易聯

5　Ibid., pp. 181-182.

繫，結交封建領主大名和幕府將軍等有力人士。當地的紙醉金迷令商人、冒險家、神職人員和定居者趨之若鶩。在教宗詔書的推動和葡萄牙王室的護蔭下，熱誠的傳教士起初受到日本封建領主的歡迎和尊敬。

葡萄牙國王或印度總督以國王之名，最初每年以授予貴族「巡航兵頭」頭銜的方式准許他們與日本貿易。該頭銜象徵着對在馬六甲與日本之間所有航船和葡萄牙居留地的名義控制權。「自澳門開埠到 1623 年，除了數段小插曲外，巡航兵頭留澳等待季風起航時，都擔當了臨時總督的角色。」[6] 隨着貿易日增，愈來愈多希望分一杯羹的商人抵達澳門。數十年後，首批定居者的後代長大成人，參與各種社會事務。巡航兵頭獨裁式的全面控制和巨額利益輸送令澳門的商人極為不滿。他們既要向歐洲出口貨物，又要與華人打好交道，同時面對外方干預造成的貿易競爭和海上威脅，局勢日趨複雜。隨着對日貿易快速增長，商人難以單方面繼續應付嚴峻的挑戰。由於大權在握的巡航兵頭阻礙了商人發財致富，愈來愈多澳門商人要求地方事務和經濟的自治權，以及對外代表權。

1583 年，印度總督批准澳門設立議事會，由在澳的葡人三年一次選舉產生。議事會由兩位法官、三位市議員和一位理事官組成，主席一職由市議員輪任。不滿法官判決者可向大法官（由葡萄牙王

---

6   Idid., p. 9.

室任命的首席法官）或「由印度總督主持、具有終審權的果亞高等法院」提出上訴。[7] 只有在澳出生或以結婚等方式在澳定居的公民才有資格投票。歷史學者龍思泰（Anders Ljungstedt，又譯倫斯泰特）指出：

> 所有在澳出生、由葡萄牙王室管治的自由子民，均有投票選舉地方政府成員的法律資格；除了被依法剝奪相關權利外，葡萄牙其他屬地的自由子民，均可通過與澳門居民結婚或定居澳門獲得該特權。

> 市議員根據現有命令和規定，主持和管理市政事務；法官負責執行議事會命令。在不妨礙既定規則和法律的前提下，他們還有權裁決具體的民事和刑事案件，但判決可被上訴至澳門大法官或者果亞高等法院……[8]

　　手握澳門經濟大權的市議員此時依然感到束縛，與兵頭時有爭執，他們請求王室指定一名專門負責軍事的總督，令議事會的管治

7　C. A. Montalto de Jesus, *Historic Macao*, pp. 45-46.

8　Anders Ljungstedt, *An Historical Sketch of the Portuguese Settlements in China*, Reprint of the 1836 edition(Hong Kong: Viking Hong Kong Publications, 1992), pp. 37-38.

不受干預。1623 年，王室削弱了巡航兵頭對岸上事務的管轄權，另外任命一名總督。巡航兵頭自此只能處理轄區內的船上事務。「他的權威限制在所轄的船隻和管理長崎的葡商團體等事宜上。」[9] 市議員借助從選舉獲得的地位，參與各項事務，難免與權貴有利益輸送，成為了澳門商人謀利勾當的一員。他們更縱容商人向日方瘋狂借款，導致他們欠下巨債，最後無法清還。

澳門商人在長崎短暫逗留期間生活揮霍，回澳後又豪擲千金購置珠寶，生活方式霉爛，慾壑難填。他們肆意向有良好信用的市民提供船貨抵押貸款（一種附加保險費的「海上風險」貸款），刺激很多人押上一整年由長崎貨運所得的收益盡地一搏，試圖在償還貸款的同時累積財富。

由長崎回航的船隻造就了商業繁榮，熱情高漲的本地人、新外來客、水手、各種膚色的奴隸和神職人員都居住在小小的澳門半島，澳門多元種族的社區逐漸成形。澳門繁榮的勢頭同時影響着關閘兩邊。日益富庶的澳門，漸漸成為無法無天的代名詞。很多富商都從日本聘用保鑣，保護自己免受罪犯所害，同時保證在生意發生爭執時的安全。不過，果亞總督在 1597 年頒佈了一道令人不知所措的法令，規定「任何日本人任何情況下……都不得佩劍，不論劍身大小」。[10] 在澳門居民眼中，日本男人嚴酷無畏，身穿和服的女人則

9　　C. R. Boxer, *The Great Ship from Amacon*, p. 11.

10　　Ibid., p. 60.

溫柔善良。身為澳門一員，這些日本人後代對這個多元種族社區並無偏見。多數日本人都有強烈的自豪感和榮譽感，這種個性與澳門的「印度 — 馬來」裔葡萄牙後代溫順的性格互為補足。

1581 年，在西班牙國王菲利浦二世（Philip II，1556 － 1598 年在位；葡萄牙國王菲利浦一世，1581 － 1598 年在位）時，西班牙與葡萄牙兩國進入了「聯合王室」時代，葡萄牙因此捲入了西荷之間的戰爭，讓早就對日本貿易虎視眈眈的荷蘭人有機可乘。荷蘭人在 1609 年初抵達平戶，六年後首次封鎖果亞。1613 年，英國人在平戶設立「貿易站」，雖然他們「注定不會對葡萄牙人造成太大威脅，但卻在朝堂之上圖謀不軌⋯⋯助長了日本人對羅馬天主教傳教士從事顛覆活動的恐懼」。[11] 為了打破葡萄牙人的壟斷，英國人與荷蘭人結為夥伴，在 1619 年簽訂《防衛條約》後通過雙方的東印度公司合作。「儘管幕府試圖保護日本領海上的外國航運，但日本的中立未受尊重。」[12]

荷蘭人抵達平戶數月後，德川家康（1598 － 1616 年日本實際統治者）向馬尼拉的西班牙人表示支持馬尼拉與長崎之間的貿易。澳門的商人和議事會擔心澳門的對日貿易會因此受到正面衝擊，人心惶惶。此時開始又有絲綢從中國直接運到馬尼拉作二次出口，不

11　Ibid., p. 82.
12　Ibid., p. 98.

跨越文化與時空的葡亞人：澳門葡裔的演化

經澳門，引起葡萄牙人強烈關注。博克塞記載，曾經有中式帆船從福建前往馬尼拉：

用絲綢交換墨西哥和秘魯的銀製比索和八里亞爾（即西班牙銀圓）。西班牙征服馬尼拉後兩年內將當地闢為商港，這個角色在往後兩個世紀得以維持，但它實際上不過是中國和墨西哥之間絲綢和白銀貿易的中轉站。

馬尼拉與日本的貿易並不持久，未成氣候。[13]

隨着德川家康支持日本的朱印船在東南亞（尤其是中南半島）貿易，澳門商人的頭號敵人不再是來自馬尼拉的競爭。日本與中國和中南半島兩地的絲綢貿易日益蓬勃，使澳門商人的利潤空間收窄。當時對澳門的真正威脅來自日本封建領主和軍閥，他們害怕傳教士和數量日增的信徒會破壞日本的社會秩序，但澳門的居民並未完全了解日本的這種顧慮。澳門的生存極度依靠對日貿易，葡萄牙人亦害怕競爭和任何會損害利潤的事。不過，身為虔誠天主教徒，他們斷不會將宗教視為威脅，亦不會將接受懺悔、主持聖禮的神職人員當成顛覆政權的工具，畢竟傳教士救贖異教徒靈魂的使命是由

13　Ibid., p. 3.

天主通過教宗的法令傳達的。澳門迅速成為東南亞的信仰中心，為準備赴外傳教的神職人員提供語言和習俗訓練。

　　傳播福音的事業在日本漸失空間。與此同時，作為葡萄牙的對手，荷蘭對澳門和長崎之間的航運帶來持續威脅。雖然英國人亦有參與封鎖，但對從事日本貿易的葡萄牙人而言，造成最大傷害的始終是荷蘭人。不過，最終令貿易情況惡化的還是葡萄牙人自己。葡萄牙人由於無力償還巨債，加深了當地人對他們的不信任（雖然這未必是導致他們最終被驅逐出境的主因）。葡萄牙不斷對日輸出傳教士，此舉被日本當局視為顛覆活動，令日方對他們的信任銳減。傳教士在教化日本百姓和上流階層的事業上取得成功，惹起了執政的大名和將軍注意。到了 1587 年，日本對外來信仰傳播的恐懼，終於激發出抵制基督信仰的情緒。豐臣秀吉（1583 － 1598 年日本實際統治者）在該年下達《伴天連追放令》，迫害基督徒和驅逐耶穌會士，但多數神職人員成功逃脫和匿藏。1614 年，針對傳教士的驅逐令再度實施，很多人又潛藏隱匿。葡萄牙人的宗教狂熱正正是他們失敗的禍根。「葡萄牙人的聖戰傳統、傳教士的強勢訓導和高昂的傳教熱情，嚴重窒礙了他們在商貿和外交方面的發展……」[14]葡日貿易到了 1596 年急轉直下。

14　C. R. Boxer, *The Great Ship from Amacon*, pp. 83-84.

儘管英荷兩國未能阻止葡萄牙船隻往來澳門和長崎，但他們的持續騷擾迫使葡萄牙人在運貨時放棄每年出航一次的單艘「商業航船」，改用多艘更細更快的平底船。荷蘭人成功阻撓澳門與馬六甲之間的航運後，曾在 1622 年試圖奪取澳門，只是不敵當地頑強抵抗的民兵和黑奴，但他們之後繼續對從日本海到果亞海岸的葡萄牙船隻造成威脅。荷蘭人先在 1539 年再次封鎖果亞，又在 1641 年佔領馬六甲，切斷了馬來婦女和兒童前往澳門的渠道，導致當地的「葡萄牙 — 馬來」族裔變成孤立羣體。時移世易，克里斯坦方言的馬來語印記不斷淡化，飲食文化亦失去光彩。

　　1614 年，德川家康下令所有外國和日籍傳教士離開日本，改寫了葡萄牙和澳門商人的命運。與 1587 年豐臣秀吉驅逐耶穌會士的法令相比，德川家康這道法令更為強勢，覆蓋範圍更廣。在 1587 年的禁令頒佈後，很多人依然可以藏蹤躡跡，靜待一年後情況緩和便重新活動；但到了 1614 年，德川家康對傳教士已經不甚信任，加上他們偷渡前往日本，令葡日兩國長達半個多世紀的貿易關係蒙上陰影。

　　　當地（佛教）僧侶曾經斷言，耶穌會士只不過
　　　是葡萄牙帝國主義的中介人，在為果亞葡軍的
　　　入侵作準備。

......人們普遍認為，日本的基督信徒順從在歐
洲的精神領袖，多於順從自己的封建領主，因
此基督教是危險而具顛覆性的宗教。

......不能讓基督教繼續在日本傳播。[15]

日方明確告知傳教士，來自澳門的葡萄牙商人只能純粹為貿易
而來，才會繼續受到歡迎。一些傳教士於是再次東藏西躲，有些則
離開日本，但長崎的反基督教迫害並未令傳教士完全卻步，依然有
教士偽裝成商人偷渡入境。儘管時局紛亂，荷蘭人對來往船隻的威
脅又接踵而來，澳門商人依然熱切追逐利益。英國船隻並未阻止葡
萄牙人在澳門和長崎之間航行，但英荷簽訂的《防衞條約》仍然使
葡萄牙人頗為擔憂。畢竟，英國人是參與「日本－馬六甲」海域爭
奪的一支重要力量。英荷聯防艦隊在攔截澳門與馬六甲之間航運上
卓有成效，幾乎切斷這條路線，但英荷聯盟最終在 1623 年瓦解。

日本幕府對外國勢力的寬容一路收窄。繼驅逐耶穌會士和迫
害基督教後，當局在 1623 年頒佈一道詔書，禁止葡商定居日本或
在交易後留在長崎。他們可以攜同兒子赴日，但妻子和女兒必須留
在家中。「從今開始，到長崎的葡商在港口逗留時不得與當地基督
徒居住，必須與非基督徒的日本人居住。」[16] 兩年後，西班牙人被

---

15   C. R. Boxer, *The Great Ship from Amacon*, pp. 83-84.
16   Ibid., p. 109.

日方全數驅逐出境。到了 1626 年，「包括女性在內的日本基督徒的混血葡萄牙後裔」被驅逐出境。[17] 類似的驅逐十年後重演，約有二百八十七名男性、女性和兒童，均為曾經居住在日本港口的葡萄牙人的親戚或子女，被流放到澳門。他們登船撤離的情景甚為悲涼，有如他們的葡萄牙父親、丈夫和兄弟在 1623 年至 1624 年被逐的慘況。[18] 這些人後來定居澳門。根據 1635 年的數字，澳門「約有七千名居民，包括八百五十名葡萄牙人、五千一百名奴隸（多為卡菲勒人）和三百名印度和馬來水手及嚮導」。[19] 倘若上述數字準確，澳門葡裔人口有很多是來自日本的新居民及其妻兒。

葡萄牙人在日本的處境於 1628 年更形惡化。荷蘭人不單封鎖了海上航線，更加擊沉了日本的紅尾帆船，囚禁或殺害日本船員，又將部分人遣往馬尼拉。短短一年後，憤怒的幕府頒佈長崎船隻禁運令，並將該港一艘船隻扣押，作為「澳門商人的欠債擔保」，[20] 被扣的船隻翌年漸次增多。1632 年，日本向破產的葡萄牙商人下達最後通牒。在澳門，巡航兵頭與議事會在深思熟慮後，決定將「所有未還船貨抵押貸款債務的責任人」送到長崎，以作債務清償或延期談判。一些商人得以延長信用期限，部分人更承諾在第二年還清債務，但日本債權人最終還是要求他們清算所有債務。

---

17   Ibid., p. 113.

18   Ibid., p. 148.

19   Almerindo Lessa, *A História e os Homens da Primeira República Democráta do Oriente, Biologia e Sociologia de Uma Ilha Cívica* (Macau: Imprensa Nacional, 1974), p. 154.

20   C. R. Boxer, *The Great Ship from Amacon*, p. 122.

儘管如荷蘭人所言，累月經年的債務將他們的
信用摧毀實屬意料中事。但說到最合理的解釋，
似乎還是 1633 年幕府宣佈終止向葡發放船貨抵
押貸款，以及取消所有債務。儘管那年澳門的
債務人在長崎陷入財務危機，澳門的貿易繁榮
如昔。[21]

葡萄牙人雖然因此卸下心頭大石，但他們的債務問題並未消
失。他們已經過度擴張，覆水難收，而傳教士及其要將日本基督教
化的熱情更讓情況雪上加霜。

荷蘭人對日本往馬六甲航線的威脅和陸上干預，加速了澳門對
日貿易的衰敗。到 1639 年，江戶幕府採取孤立主義政策，停止與
澳門貿易，禁止葡萄牙與日本進一步交往。[22]

為了修復與日本的貿易關係，澳門議事會翌年派出大型使團赴
日，但一行七十四名葡萄牙人有十三人被當場處決，剩下的被遣返
澳門，不得再到日本。[23] 利潤豐厚的「澳門－長崎」貿易時代自此
終結，葡萄牙治下的澳門再也無法恢復與日本貿易時期的繁榮與活
力。雖然光景不再，但葡萄牙人總算在中國土地站穩了陣腳，豐富

21　Ibid., p. 132.
22　Ibid., p. 158.
23　Anders Ljungstedt, *An Historical Sketch of the Portuguese Settlements in China*,
　　p. 165.

了澳門土生葡人的人口構成。憑藉堅韌的性格和與華人周旋的能力，葡萄牙人在未來數個世紀得以在對華貿易中維持穩固的立足之地。

一些日本婦儒與神職人員和商人一同被逐，融入了澳門的土生葡人社羣。來自長崎的新移民佔了澳門人口三分之一，大大改變當地居民的種族構成。這些源自日本的家庭令土生葡人的族系更為多元，同時帶來了他們的習俗與和服（澳門女性視之為新潮服飾）。很多日本的基督徒都是巧手工匠。他們雕刻了聳立至今、莊嚴宏偉的聖保祿教堂外牆（即今日的大三巴牌坊）。日語出現了一些葡語變體的詞彙，包括天婦羅（來自葡語 temperar，意指「季節」或來自 quattuor tempora）、焦糖（來自葡語 caramelo）和源自葡語 pão、日語發音為 pan 的各式麵包。這些都是受葡萄牙影響的日本食物。葡語詞彙也有進入日語，例如 aurokuru（葡語為 álcool，即酒精）、bidoro（葡語為 vidro，即玻璃）、botan（葡語為 butão，即按鈕）、kappa（葡語為 capa de chuva，即雨衣）和 shabon（葡語為 sabão，即肥皂）。

日本人和華人外貌相似。日本婦女和小孩融入澳門人口後，或會有人誤會土生葡人的母系祖先包括華人，但當時葡人與當地華人的通婚並不常見（雖然華人不久便成為了土生葡人亞洲血統的主要部分）。土生葡人的血統錯綜複雜，影響了歷史學者對他們的看法，也對他們的血緣譜系感到困惑。

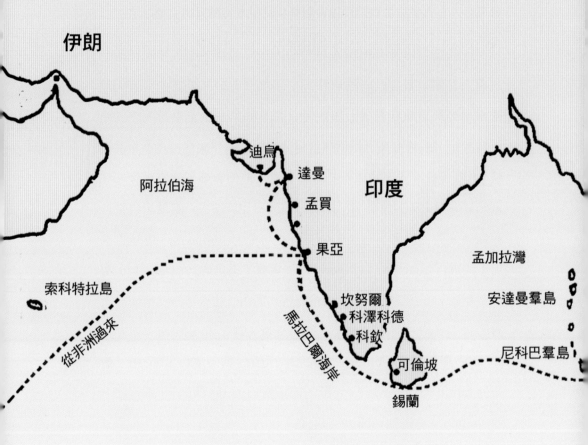

伊朗

阿拉伯海

印度

索科特拉島

從非洲過來

迪烏

達曼

孟買

果亞

坎努爾

科澤科德

科欽

可倫坡

錫蘭

馬拉巴爾海岸

孟加拉灣

安達曼羣島

尼科巴羣島

印度洋

圖 6　亞洲各地往澳門的移民情況（1500 — 1700 年）

第四章

土生葡人
源起

1641 年，荷蘭人佔領馬六甲海峽，葡萄牙人因而更加失落。葡萄牙人在 1663 年失掉了香料羣島部分島嶼，很快又失去在馬拉巴爾海岸的據點，最後喪失對香料貿易的控制權。[1] 在與日本貿易的黃金時代開始時，葡萄牙商人及其澳門土生葡人後代都滿懷希望，但隨着貿易衰落，澳門在十九世紀末幾乎人人都艱苦掙扎。文德泉（Manuel Teixeira）蒙席認為，從澳門議事會在 1732 年 1 月 14 日有關財政的會議可以感受到窮途末路的感覺：

> 無論是從資本總量或是利錢來說，這座城市在過去數年都在走向下坡，另外又有數宗不幸事件，讓中國官吏有機會要索錢財。亞洲口岸的貿易逐年遞減。一切都是源於對日貿易關係的斷絕；雖然情況曾經因為與帝汶島的貿易有所改善，但現在這些貿易也急劇減少。

> ……與巴達維亞的貿易轉為由華人掌控，與馬尼拉貿易的貨物則由西班牙船隻直接運往廣東，毋須經過澳門；與果亞的貿易不足應付日常開支，更不用說有餘錢去應付意外；要振興這座城市，目前就只能指望巴西。[2]

---

1   C. R. Boxer, *The Portuguese Seaborne Empire*, p. 111.

2   Fr. Manuel Teixeira, *Macau no Século XVIII* (Macau: Imprensa Nacional, 1984), p. 324.

這座曾經繁盛一時的城市沒落了！不單對日貿易流失，其他機會亦已失去。但澳門的居民依然堅忍不拔，奮力向前。

在這低谷的時刻，華人血統慢慢進入土生葡人社羣，伴隨的還有中國的美食和習俗。華人的語言亦融入到澳門土生葡語。黎沙（Almerindo Lessa，又譯萊薩）整理了 1720 年澳門居民的來源，當中並無提及華人與澳門葡萄牙居民的家族關係，可見澳門的華人與葡萄牙人在十八世紀初前幾乎沒有通婚。[3]

表 1　澳門居民的來源（1720 年）

類別	人數
神職人員或教堂成員	34
學生	34
葡萄牙人或其在澳所生的子女	274
澳門或其他地方的土生葡萄牙人，以及這個城市的已婚男性或士兵	842
與葡萄牙人通婚的白人女性或與當地人或一些葡萄牙人通婚的土生白人女性	504
葡萄牙人或土生的年輕白人女孩	226
土生的白人寡婦或未婚女性	306
來自中國、帝汶島或其他國家的奴隸	1,178

3　　Almerindo Lessa, *A História e os Homens da Primeira República Democrática do Oriente*, pp. 152-156.

（續上表）

類別	人數
各國奴隸	864
葡萄牙人的子女或孫女	99
當地人的未成年子女	232
總數	4,836

　　上表同時列出了「葡萄牙人或其在澳所生的子女」和「澳門或其他地方的土生葡萄牙人」的數量。葡萄牙歷史學者的著作明確區分了來自歐洲的葡萄牙人、在葡萄牙出生的歐洲裔人士（reinóis），以及在當地出生而混有歐洲以外血統的人士。

　　澳門居留地一直展現出一種「歐洲－葡萄牙」男性形象。正如前一章提到，澳門早期的女性多數是非洲裔、印度裔、馬來裔、日裔或其他亞裔。她們與葡裔男性同居或按基督宗教的儀式嫁給他們。在十七世紀中葉至十八世紀，馬來（馬六甲州）婦女和她們的後代在土生的葡萄牙社羣中佔有主導位置。

　　語言學家白姐麗（Graciete Batalha）支持這個觀點。她指在上世紀的克里奧耳語文本中，馬來語詞彙的數量幾乎是中文的兩倍，又指當時多數澳門土生葡人女性多穿着馬來服裝，戴着用 sarom 亞麻和 bajus 布造的頭巾。她同時表示，最近數代澳門土生

圖 7　澳門土生葡人婦女穿着 Saracha 面罩

圖 8　穿着 Dó 斗蓬的婦女周日離開教堂

葡人兒童的身體特徵都是接近馬來人多於接近華人。[4] 澳門早期的
葡萄牙定居者帶着妻兒從果亞、馬六甲或日本而來。雖然有由華人
妹仔所生或在其他情況出生的小孩，但這僅僅是華人與葡萄牙人通
婚的開端，主導的依然是由歐亞裔母親養育的葡萄牙人及其後裔。
1641 年荷蘭人佔領馬六甲海峽後，不少馬來人湧到澳門，當地因而
增加了不少馬來婦女。

　　1637 年，彼得・芒迪（Peter Mundy）在澳門短暫停留，其
間撰寫的 *Travels of Peter Mundy*（《彼得・芒迪遊記》）中一篇
有關澳門的日誌，詳細介紹了果亞人和馬來人的穿着習俗，例如在
公共場合戴面罩，在室內穿和服等。[5] 這些面罩最初稱為 saraça，
有數種顏色。「Saracha 後來被一種較寬的黑色斗蓬 dó 取代，作為
較有特權的女性的主要配飾，而普通人則繼續穿 saracha。」[6] Baju
是一種是無領寬鬆的白色外套，用非常幼細的白布織成，適合在家
穿着，有如和服般舒適，但並非人人都穿。直到十九世紀中葉，「澳
門基層婦女」依然會穿 saraças 和 baju。[7] 他還描述了當時富人奢

4　　Fr. Manuel Teixeira, *Review of Culture*, pp. 158-159，引自白妲麗 *Lingua de Macau*,
　　p. 28.

5　　C. R. Boxer and Charles Ralph, *Fidalgos in the Far East*, p. 128.

6　　Graciete Batalha, *Glossário do Dialecto Macaense*, Notas Lingui-sticas, Etnogra-
　　ficas e Folclo-ricas (Coimbra: Faculdade de Letras da Universidade de Coimbra.
　　Instituto de Estudos Roma-nicos, 1977), pp. 265-266.

7　　J. F. Marques Pereira, *Ta-Ssi-Yang-Kuo*, Vols I-II (Lisboa: Antiga Casa Betrand,
　　1899-1900), p.63.

華的生活方式、服飾和珠寶。[8] 1751 年出版的《澳門記略》詳細描述「蕃鬼」在十八世紀中葉的穿着。[9] 根據該書，他們戴着三尖黑色氈帽，帽上鑲有鮮花狀金飾，上衣及腰，褲子及膝，外套釘有金鈕扣或銀鈕扣，襯衫以白色棉布織成，袖子垂在手腕上面，摺成出水蓮花的形狀。他們的褲子和條紋長襪被緊緊拉到膝蓋上面，黑色皮鞋繫着銀扣或者金扣，腰帶佩劍。上層男性會拿着小手杖或小皮鞭。享有特權的澳門土生葡人家族可能也會如此穿着，但當地的普通人則不會。丹尼路（Leopoldo Danilo Barreiros）在他 1943 年寫成的未出版手稿 *Dialecto de Macau*（《澳門方言》）中，記錄了一首澳門土生葡語流行民歌的最後四句。該歌可能寫於十八世紀中葉或之後，暗示拿着劍和手杖的是生於歐洲的葡萄人軍人和上流階級。

Dom, dom, dom, dom, dom.[10]

〔很可能是走路或手杖觸地的聲音〕

Sinhó Capitão

船長先生

Espada na cínta

腰間配劍

---

8   Fr. Manuel Teixeira, *Review of Culture*, pp. 158-159，引自白妲麗 *Lingua de Macau*, p. 28.

9   C. R. Boxer and Charles Ralph, *Fidalgos in the Far East*, pp. 123-130.

10   Leopoldo Danilo Barreiros, "Dialecto Português de Macau." Unpublished "Ex-Libris" manuscript, dated January 4, 1943, with collection of articles previously published in Renascimento, Macau, p. 509.

Rota na mão.
手握扶杖

他們吃典型的印度馬來菜，以甜和辣為主，用糖甚多。普通家庭會搖鈴示意開飯，由「黑奴」侍餐。他們總是先吃烤肉，用左手拿着銀叉，右手則「放在攬枕下面，備而不用」。[11] 他們用左手吃混合菜餚，之後用布擦手，喝高腳杯的紅酒，有人會抽一種很薄的香煙。據説他們一周五日吃肉，海鮮和蔬菜只在周五和周六進食，周日去教堂前要禁慾數日。

富人由四名奴隸抬轎出行，兩邊各有一名奴隸打傘，婦女穿着相當講究，喜歡歐洲風格的人會穿裙子和斗蓬。他們神態傲慢、表現得高人一等。文德泉蒙席在他的著作 *Macau no Século XVIII*（《十八世紀的澳門》）中，批評這些人「非常懶惰，只懂生兒育女，不事生產」。[12]

澳門的房子（包括豪宅）通常樓高三層，地下是儲物室和傭人或奴隸的寢室，家庭成員則住樓上兩層。一樓是日常生活空間，包括客廳、飯廳、廚房和寢室。頂樓是一家之主和他妻子的地方。如果房子較為寬敞，頂樓會有地方留給直系親屬。

11　Fr. Manuel Teixeira, *Macau no Século XVIII*, p. 455.
12　Ibid., pp. 587-588.

他們的語言是混雜了古葡語和各個參與貿易的民族的語言，包括梵語、阿拉伯語、波斯語、泰米爾語、印度斯坦語、馬來語和日語。這種通用語由葡萄牙商人、水手、軍人和官員的奴隸、小妾和妻子所傳播，慢慢演變成澳門土生葡語（maquísta 或 patuá，中文稱澳門土生土語）。隨着與華人的通婚日增，漢字也進入土生葡語的詞彙，英語單詞後來也是如此。

澳門土生葡語以來自葡萄牙村落、沒有受過教育的水手等所説的古葡語作為基礎。他們從葡萄牙航行到非洲和東方，一路遇到非洲人、阿拉伯人、印度人和馬來人等，將這些民族的詞彙融入葡語，逐漸創造出一種便於交流的混雜語言。隨着葡萄牙人不斷向東推進，開拓殖民地和鋪平貿易通道，那些要與葡萄牙人打交道的人需要一種通用的交流方式。當葡萄牙人抵達馬六甲時，他們從印度和非洲殖民地帶來的土著居民已經掌握了相當多詞彙。白妲麗指出，他們此時已經「有了基本確立的語音、詞彙和句式結構」。[13] 雖然未有太多實物和文化方面的證據證明澳門土生葡人的語言受非洲的影響，但它的語音和詞彙結構上的確存有這種共通語的印記。

據白妲麗所説，當「葡萄牙 — 印度」家庭和「葡萄牙 — 馬來」家庭到澳門定居時，他們的語言已經不單是一門通用語。這種語言日趨成熟，詞彙甚多，發音開始有點像歐洲語言。

13　Graciete Batalha, *Glossário do Dialecto Macaense*, p. 6.

這種詞彙豐富性的基礎是都會〔大陸〕通行的葡語。當時葡語從馬六甲傳入澳門，有來自非洲、印度和馬六甲的印記。因此，澳門土生葡語的詞彙和語法既有十五世紀古葡語的痕跡，亦有中世紀葡語的特色，一直以來，殖民的多數並非文藝復興時期的知識分子，而是言談間帶有古語不良痕跡的粗漢。

……澳門的克里奧爾語並不屬於印葡語系。與馬六甲的克里奧爾語一樣，papiá cristão 至今依然是一些人的母語，包括少數 malaqueiros〔馬六甲土著〕、葡萄牙人的後代和祖上來自澳門的人。這類語言似乎自成一國，我們認為可能包括了帝汶島的葡語〔方言〕，但未有足夠證據。

……中文的影響來得較遲，但影響較大。就像馬來〔語〕影響土生葡語的過程，改變的主要載體是婦女，通常是母親或女傭。[14]

14　Ibid., pp. 7-11.

今日已經很少人說澳門土生葡語。聯合國教科文組織在 2017 年發佈的《全球瀕危語言紅皮書》將澳門土生葡語列為「瀕危」語言，在 2000 年只有五十名使用者。在遷徙到全球各地的澳門土生葡人之中，有很多長者還能或多或少理解這門瀕危語言，當中一些單詞和短語頗為有趣。

　　以下句子摘自 Chacha Pancha（Pancha 指祖母）在 1864 年給她外孫女 Miquéla 的信，以澳門土生葡語寫成，載於 *Ta-Ssi-Yang-Kuo*（《大西洋國》），充分反映該語言怎樣包含各種詞彙：

> Eu já mandá dos amchôm di achar di gamên, unha balsa di sucri pedra, dos jara di jagra para vos e criança-criança...[15]

　　這個短句的意思是「我給你和小孩們送了兩罐醃製水果、一大碗冰糖和兩罐黃片糖⋯⋯」。

　　這個句子的單詞和拼寫包含了多種語言，包括了中文、波斯語、馬來語和古老獨特的葡語。較為有趣的詞語有來自中文的 amchôm，意思是「帶蓋鍋」；波斯語詞彙 achar，意思是「醃漬

15　J. F. Marques Pereira, *Ta-Ssi-Yang-Kuo*, Vol. I, p. 324.

物」或「醃製」；gamên 是一種中國的醃製水果；un-ha（更常見的拼寫是 unga）來自葡語 uma，意思是「一」；葡語 balsa，意思是用來混合葡萄的大盆，但這裏指的是玻璃容器；jagra 是一種用棕櫚糖製成的粗糙深色汁液，有時呈厚片狀，很可能來自馬來語詞彙 chakkara。Criança 在葡語中的意思是「孩子」，但是在澳門土生葡語中有時會使用同一個詞兩次，就會使之成為複數。因此 criança-criança 的意思是「孩子們」。

澳門土生葡語中缺乏有關工具、園藝用具、技術和建築的術語和關於體力勞動的詞彙，可見澳門土生葡人將這類工作留給華人。澳門並無農場，只有少數華人耕種的菜田。澳門葡裔人士曾經短暫在拱北附近一個小島耕種（只能經關閘由陸路進入或者乘船經內港進入）。他們在 1720 年棄置了農場和房舍，自此無法自給自足。[16] 所有肉類、蔬菜和大米都是由華人從關閘另一邊種植和輸入。雖然澳門幾乎四面環水，但連海鮮也是華人漁民提供的。澳門土生葡人早年將家中的體力勞動也留給奴隸（後來是僕人），家務則交給保姆。

在澳定居的葡萄牙商人擁有奴隸，但澳門的奴隸制與西方世界普遍想像的不同。澳門的奴隸並不像在巴西的種植園和北美的棉

16　Fr. Manuel Teixeira, *Macau no Século XVIII*, p. 230.

花田的奴隸般被迫勞動。擁有奴隸是財富的象徵，他們協助家務或幫助公司裝卸貨物。擁有大宅園的家庭會命奴隸將食物和酒運到住處下的儲藏室，以及護養花園和房屋。一些富裕家庭會給奴隸穿上盛裝、佩戴珠寶，周日帶他們去教堂。男性奴隸的工作通常較為繁重。在日本，他們主要是商人的保鏢。女性奴隸則多數是家僕，有些會被納為妾侍。由於中國人口眾多，「窮困的父母販賣不想要的女童，讓她們在一定期限內（通常是四十年）從事家務或終身為奴，稱為妹仔。」[17] 博克塞補充說：「早期的定居者並沒有和當地華人融合……澳門土生葡人數個世紀以來繼承的中國血統，源於男戶主與妹仔同居。」[18] 據博克塞所說，妹仔是華人女孩。奴僕從嬰兒時期起便已受僱，在固定期限內或終身負責家務。當地葡萄牙人也稱她們為「阿妹」，即是葡萄牙人取得或者購來的華人女孩，其實就是奴隸。[19] 阿妹主要是指澳門土生葡人家庭的年輕家傭，長大後會被稱為「阿媽」，有些負責煮飯，有些做家務，有些照顧小孩。她們服務的家庭和受她們照顧的小童長大後都會尊敬她們。

因此，一些澳門葡裔人士的祖先原是奴隸出身。與到亞洲尋求財富或僱用當地人的其他歐洲人（如荷蘭人）不同，葡萄牙人對非

17　C. R. Boxer and Charles Ralph, *Fidalgos in the Far East*, p. 223.

18　Ibid., p. 231.

19　Fr. Manuel Teixeira, *Macau no Século XVIII*, p. 9.

婚生子女相對寬容，會在家中養育他們，不帶偏見。儘管葡萄牙國王曼紐一世頒佈了嚴格禁令，禁止葡萄牙人攜同奴隸返航，但很有可能在十六世紀就有亞洲和非洲的奴隸被帶到葡萄牙，亦有少數人在自己的國家加入葡萄牙家庭，經過數代人通婚，子女以在葡出生人士的身份到了殖民地。

「妹仔」一般是指從父母身邊被擄走，並且當作奴隸販賣的兒童和年輕女性，她們很多被「出口」到印度或亞洲其他地區。鑑於不少人以傳揚基督信仰、令外族皈依為藉口，購買、運輸和出售奴隸，曼紐一世在 1520 年頒佈法令遏止這些活動。唐塞巴斯蒂昂（Sebastião, 1557 － 1578 年在位）國王在 1571 年亦頒佈類此法令，禁止在澳門奴役華人，不過這命令在政治上受到強大壓力、難以落實。在 1613 年、1619 年和 1624 年都分別有禁止奴役華人的法令頒佈，但成效甚微。教會和世俗政權對此問題有很大分歧，延續到十七和十八世紀。最終，若澤一世（José I，1750 － 1777 年在位）在 1758 年 3 月頒佈法令，將所有華人奴隸（不分男女）視為自由人，爭議方才告一段落。在嚴厲的懲罰威脅之下，葡萄牙人在一日內釋放所有妹仔和華人奴隸，教會作為「基督徒之父」（Pay dos Cristãos）看管奴隸的角色亦被廢止，相關職責轉移給世俗政權。[20]

20　C. R. Boxer and Charles Ralph, *Fidalgos in the Far East*, pp. 229-241.

借助一些葡萄牙人的外交技巧和忍耐能力，澳門的貿易發展經歷過一段全盛時期。在後來的衰敗歲月中，澳門的居民繼續奮鬥數個世紀。如果葡萄牙人只是想保留澳門作為葡萄牙海外帝國的一部分，他們可以說是百折不撓達到目標。但如果談到在華經營一個對歐貿易中心的話，葡萄牙人在嚐到最初的成功後，很大程度上就因為英國人的狡猾而無以為繼，只能在澳門留下一副供人想像的殘殼。

跨越文化與時空的葡亞人：澳門葡裔的演化

064

圖9 珠江口地圖

第 五 章

英式帝國主義

西班牙國王菲利浦二世治下，西葡兩國共戴一主。英格蘭人不久在 1602 年發現機會，插手葡萄牙人在中日之間的貿易，協助荷蘭人在 1602 年至 1640 年封鎖葡萄牙往來澳門與馬六甲的海運，但未有干擾澳門與長崎的往來。英格蘭人期望參與利潤豐厚的對華貿易，1635 年首次派出對華通商的船隻，停靠澳門。[1] 雖然他們這次無功而還，但離開時確信終會成功。

華人覺得這羣新來的蠻夷酷似十多年前試圖入侵澳門的荷蘭人。針對英國人短暫停留澳門，華人決定懲罰允許他們登陸的葡萄牙人，但澳門議事會遲遲不交罰款。中國官吏於是下令在澳的華人撤離、封鎖關閘和斷水斷糧。細小的澳門半島無法自給自足，糧食全由關閘另一邊輸入，關閘是中方掌控澳門生命線的「節流閥」。中方不只一次以封關來脅迫葡萄牙人就範，每次都以葡萄牙人妥協告終。為了穩守澳門，避免正面衝突，葡萄牙人的妥協委實迫不得已。作為中介人，他們要時刻捍衞對中外貿易的壟斷。葡萄牙人此時與中國官吏已經來往百多年，熟悉廣州及附近地區的官員，知道禮尚往來（通常是賄賂）往往能在突發情況時穩定局面。他們知道除了克制與妥協，談判前還要「畀面」，表達對中國朝廷的重視。英國人和其他歐洲人則認為，這種態度是向華人俯首稱臣、卑躬屈膝，但葡萄牙人卻認為這是習俗而非屈服。葡華兩族一方靈活、一

1　Austin Coates, *A Macao Narrative*, pp. 53-55.

方敏銳。雙方為求顧全大局，願意互諒互讓。葡萄牙人為了繼續管治與祖國相距萬里的澳門半島，只能通過談判和在經濟上讓步，以達至與中國和平共處的目的。

　　中方要求葡萄牙人負責其他歐洲人進入珠江地區和在澳門逗留等事宜，允許葡萄牙人在澳門設立居留地及修建防禦設施，並且委託他們守衛通往廣州的航道，抵禦海盜和阻止所有不受歡迎的外國人登陸。正如高志所言：

> 在河口駐紮的葡萄牙人發揮到一些過濾作用。
> 任何外人不通過這裏，就無法與華人接觸……
> （華人）也有想到：讓善於航海的外人抵禦其他
> 同樣善於航海的外人，或許是合適不過。[2]

　　地方華人視葡萄牙人為「門衛」或「關卡」，未得中方事先批准不得通過。但未經許可的航行實在無法完全堵截。每當這種情形出現，葡萄牙人都要負上責任。他們之所以能在這塊細小的中國土地上長期和平定居，全靠他們精深的溝通能力和靈活的談判技巧。雖然葡萄牙人深明此道，但其他歐洲列強並不理解或尊重這種做法。葡萄牙的利益兼有宗教和商業兩個層面，但其他歐洲人，尤其

2　Austin Coates, *Macau and the British, 1637-1842: Prelude to Hong Kong* (Hong Kong: Oxford University Press, 1988), p. 4

是英格蘭人，只是盯着經濟利益。葡萄牙人並非「旨在戰略性地控制領土和人口，並且採取手段控制流動資金」的「領土主義者」。[3]他們一邊拓展貿易，一邊傳教。因此，在英格蘭人來到前，葡萄牙人與華人除了在零星事件發生爭執之外，雙方的接觸和貿易可謂和睦。中國從對日貿易和南美銀礦大量賺取白銀，國庫充盈。另一方面，葡萄牙人亦因為與中國以白銀交易獲利豐厚，得到大批黃金、絲綢、茶葉和瓷器。雙方的貿易吸引了其他渴望生財的歐洲人。葡萄牙人認為，只要能夠平穩維持這個轉口港，便心滿意足。但英格蘭人卻不同。他們帶來了更加進取的作風，一方面顛倒中國的朝貢制度，另一方面奪取葡萄牙人的貿易壟斷權。

1637 年 7 月，英格蘭人再接再勵，派遣約翰・威德爾（John Weddell）指揮船隊赴粵，不久卻被中方挫折，敗陣而回，事後葡萄牙人被中國官吏斥責和罰款。1673 年，英國東印度公司再派出艦艇「回歸號」到澳門，但中方很快就擊退了這一莽撞行動。1689 年，英國東印度公司派出一艘名為「防禦號」的艦隻，但同樣無功而還。直至 1699 年，當「麥克爾斯菲爾德號」再到當地後，東印度公司與華人才算開始發展起恆常的交易。[4]

3　Giovanni Arrighi, *The Long Twentieth Century*, p. 35.

4　Austin Coates, *Macau and the British*, p. 37.

由於對華貿易的大門經已打開，如果中方自己不管理進入商港的人流，這種混亂情況只會更加失控。1719 年，康熙帝（1661 － 1722 年在位）為了重整商港秩序，提議所有對外貿易一概通過澳門，但澳門議事會缺乏先見之明，擔心此舉會令澳門面對更多來自其他歐洲國家的競爭，同時憂慮澳門會被置於中國官吏控制之下，於是拒絕提議。這個決定無形中逼英格蘭人另闢蹊徑，建立起他們和其他歐洲人期待已久的商貿開放，終結了葡萄牙人在對華貿易上的壟斷。

　　在廣州，粵海關監督翌年籌建了稱為「公行」的貿易團體，處理所有對外貿易，取代先前朝廷派往當地的代表。清廷通過公行從中取利，公行成員由競投產生，價高者得。直至十九世紀中葉，公行與東印度公司的「貨頭委員會」以澳門為中心，共同控制中外貿易。英國東印度公司獲准在廣州的珠江河畔建立倉庫。這些倉庫被葡萄牙人稱為「商館」（factories），由公司的代理人管理，葡萄牙人只能旁觀。在 4 月至 9 月貿易季：

　　　　規模較大的國家級公司，如法國、英國和荷蘭
　　　　等國的，會向公行商人租用自留地的房屋……

中方的貿易規則是基於以下（早年或多或少成立的）假設：在每年貿易季結束後，蠻夷都會歸國。[5]

這個假設或許理論上成立，但外國人往往能夠「藉着瑣碎的理由和適中的禮物」，讓他們的代表在淡季留下。珠江下游的黃埔島被劃為外貿船隻的錨地。[6] 十三座商館的進出受嚴格限制，所有溝通須由官方認可的通事（翻譯）經辦，後者須得公行同意。很多當地的葡萄牙人憑藉其葡萄牙語、粵語和英語能力，成為商人與官員之間重要的聯絡人。當地的葡萄牙人與英格蘭人互相依靠，發展商業關係。為了生存，這些名義上壟斷對華貿易的中介不得不擔當僱員或代辦，給英國或其他國家的商人提供協助。

由於幾乎無法控制各國船員在廣州（尤其是黃埔）互相鬥毆等失控行為，乾隆帝（1735 – 1796 年在位）在 1760 年下詔修改對華貿易制度，規定外國人不得進入廣州城，只能留在商站，而且購置商品時不得產生任何債務或信貸，並且禁止他們永久居留，交易後必須離開。各國此後都將代表在淡季留在澳門。

5　Austin Coates, *Macau and the British*, p. 45.

6　Solomon Bard, *Traders of Hong Kong: Some Merchant Houses, 1841-1899* (Hong Kong: The Urban Council, 1993), p. 21.

外國人得知這些新規定後，馬上把目光投向澳門，把澳門視為避難港。1761 年通商季節後，法國公司和荷蘭公司到澳門設立固定駐地，隨後是丹麥人和瑞典人；英國人是 1770 年才來的。儘管印度總督府禁止外國人在本市定居，但澳門不得不服從廣州總督的命令，因為他自稱代表皇帝。[7]

這些外國公司在澳葡政府保護下在澳門設立經營總部。「不少澳門市民允許訪客在葡萄牙家庭寄宿，協助他們以葡萄牙公司的名義從商，從而改善自身經濟條件。」[8] 由於議事會作出了一個不合時宜的決定，澳門無望重新成為通往中國必經的商港。

在澳門，英國和其他歐洲國家的公司名副其實是在葡萄牙人「名下」經營。葡萄牙人除了將名字冠在門面外，並沒有參與這些公司，亦無任何既得利益，只是地主。根據法律，只有葡萄牙公民才能在澳門擁有房產或土地。

初抵澳門，只是匆匆一瞥的人，很可能會對葡萄牙語的公司門牌和完備的辦公室留下深刻印

7　Beatriz Basto da Silva, *Cronologia da História de Macau*, Vol. 2, p. 111.

8　Austin Coates, *Macau and the British*, pp. 41-42.

象，覺得葡萄牙人在遠東的商貿地位顯赫，但
只要走進其中一間辦公室，人們就會發現所有
重要職員都是來自其他歐洲國家，只有一兩位
文員是澳門葡裔人士。招牌標注的那位先生原
本只是讓某個歐洲人通過他的公司貿易，如今
他自己已經被完全取代。他先前利潤微薄的生
意已經結束，如今只是這間辦公室的業主，很
少露面。[9]

很多普通的澳門葡裔人士擔任文員，作為英格蘭人和其他歐洲
人的隨從，日後成為了澳門土生葡人社羣的常態。不過，他們畢竟
有人僱用，為對華貿易的新主宰者工作，這或者可以看成一種另類
的特權。

短視的葡萄牙人雖然失去對華貿易的壟斷，但是他們決心在澳
門居留地站穩陣腳。與英格蘭人不同，葡萄牙人一旦與華人衝突便
會失去一切。他們繼續努力與華人和平共處，在討好和安撫華人同
時，協商處理彼此的分歧。英格蘭人視這種態度為懦弱，但後來自
己也採取這種策略。葡萄牙人只是單單與中國打交道、做點貿易，
但真正主動開展對華貿易的卻是英格蘭人。

9　Ibid., p. 56.

英格蘭和蘇格蘭在 1707 年合併為大不列顛聯合王國。不過，英國東印度公司的倫敦商人自十八世紀初便代表公司在東印度貿易並在當地佔主導地位，該公司及其海軍仍被統稱為「英格蘭人」。《1800 年聯合法案》將愛爾蘭王國併入王國，成立了大不列顛和愛爾蘭聯合王國。從此時起，用「大不列顛」這個形容詞似乎比「英格蘭」更為恰當，更能代表「大不列顛」這個處心積慮「統治海洋」（rule the waves）的國家。

　　英國人已經踏進中國國門，意圖建立貿易基地。他們繞過葡萄牙人後，開始從另一種角度看待澳門。法國大革命戰爭（1792 － 1802 年）期間，葡萄牙、法國和西班牙互相進犯，讓法國人有機會奪取澳門等葡萄牙海外領土。英方藉此為由，派出一艘軍艦「保護」澳門。1802 年，英國皇家海軍的「Arrogant 號」抵達伶仃錨地，待命登陸澳門。[10] 魏爾斯萊侯爵不久派出另外兩艦，並且致函澳督要求戰爭時由英國管轄澳門。雖然這封信並未寄到總督手上，但澳門的葡萄牙人獲悉內容後驚怒交加，請求中國皇帝保護，不過被拒。

　　1802 年，英法兩國簽訂《亞眠和約》（Treaty of Amiens）結束敵對。魏爾斯萊侯爵在局勢緩和後撤回軍艦。在半島戰爭（1808 － 1814 年）前夕，拿破崙（1804 － 1815 年稱帝）在 1807年入侵葡萄牙。英國人認為這代表法國再次企圖進佔澳門，派出海

10　Austin Coates, *Macau and the British*, p. 92.

軍少將德魯里（Drury）率領三百名士兵在澳門港外的軍艦候命。中方這時警告葡萄牙人，一旦英國人登陸澳門，中方即會派兵驅趕。面對中英兩國的雙重威脅，澳門的葡萄牙人準備拼死頑抗。此時，與中方關係良好、備受中國官員尊重的澳門判事官亞利鴉架（Miguel de Arriaga，又稱眉額帶歷）提出一道詭計，為總督花利亞（Bernardo Lemos Faria）所採納。亞利鴉架首先提議英軍放下武器，作為葡萄牙的「客人」受邀來澳。他清楚此舉將會惹起中方反感。「應邀」進入澳門的英國人佔領部分堡壘，有如接管當地，觸怒中方全面禁止廣州的對外貿易，切斷公行對英國人的一切支持和糧食供應。憤怒不已的德魯里準備炮轟廣州，命令所有英國人和船隻從廣州城和黃埔撤至南邊的河口地區，但接到命令的英國商人和船長擔心戰爭對貿易造成重大風險，拒絕撤出。亞利鴉架見計劃奏效後，與東印度公司的大班談判，安排英軍和平離開。中方其後仔細檢查澳門所有堡壘，放下心頭大石恢復貿易。中方在此事證明自己佔了上風。

　　佛教僧侶在公元一世紀將鴉片帶入中國作為藥用。鴉片在中國的歷史相當悠久，但吸食鴉片卻是另一回事。鴉片讓人產生愉快的感覺和上癮，毒害中國百姓，成為清代大患。1729 年，雍正帝（1722－1735 年在位）下旨禁止進口鴉片，但這道禁令催生了鴉片走私，價格水漲船高。[11]

11　Ibid., p. 125.

十八世紀末，鴉片氾濫已成國患，走私倍數增長。嘉慶帝（1796－1820 年在位）在 1799 年下詔重申雍正帝旨意，但廣州當局幾乎置之不理，粵海關監督繼續在鴉片貿易不斷增長的利潤中抽佣。1784 年，美國正式加入對華貿易。美國獨立後第一艘來華的船隻「中國皇后號」（Empress of China）登陸澳門。高志評述道：

> 在對華貿易方面，美國人迅速上升到僅次於英國人的地位。他們發現自己面臨着與東印度公司相同的問題：不進口棉花和鴉片的話，就無法從中國人手上買到足夠茶葉⋯⋯

到了 1807 年，珠江的對外航運幾乎全由英美兩國承包。[12]

面對鴉片氾濫屢禁不止，英中兩國的進一步摩擦和關係惡化只是時間問題。中國人與外國人遲早爆發衝突。

1837 年 12 月 11 日，查理・義律（Charles Elliot）獲委任為英國駐華商務總監的消息傳到澳門。在他抵達廣州後不久，清廷宣佈所有運輸鴉片的英國船隻須於一個月內離開中國，否則將英國國民和他們的華裔監管人全數驅逐出境。1838 年 7 月，馬他倫上將（Admiral Maitland）指揮的英國軍艦抵達澳門，奉命保護該國

12　Ibid., pp. 123-125.

的對華貿易。[13] 次年 3 月，受命查禁鴉片的欽差大臣林則徐抵達廣州，下令外國人三日內繳出所有鴉片，開啟往後一連串鴉片危機。一些商人眼見時局危急，連忙將一千多箱鴉片運往馬尼拉。澳門總督邊度（Silveira Pinto）應義律請求，同意保護英國國民，但涉及鴉片販賣者除外。與此同時，林則徐下令廣州所有受僱外國人的華工離開商館，派兵嚴守周邊的街道和河畔。香山縣前山寨的官吏向澳門的財務官員（理事官　嚓哆）發函，唉求三日內交出在澳的鴉片，否則關閉澳門港口。英國海軍中校布萊克（Blake）得悉此事後提出守衛澳門，但被澳督拒絕。

澳門再次被中方玩弄於股掌之間。中方但凡對外國人不滿，便對澳門施加壓力，不單暫停貿易，甚至斷水斷糧。這座葡治城市是英國和其他歐洲國家商人在華的唯一避難所，中方很清楚這塊地對來華外商的重要性。

在 1839 年鴉片戰爭第一聲外交炮火打響前，林則徐已經當眾銷毀各國商人繳出的兩萬多箱鴉片。義律隨後疏散廣州商館，將所有英國國民撤到澳門，請求葡萄牙政府保護。中方要求所有英國商人簽署具結，承諾永不回到中國，實質上是驅逐英國人。林則徐其後向澳門當局施壓，迫使在當年 5 月抵澳的英國人離開。出於對葡

13　Beatriz Basto da Silva, *Cronologia da História de Macau*, Vol. 3, p. 87.

萄牙中立取態的尊重，義律在8月將所有英國人撤到香港。他們多數住在靠岸的英國船隻上，空間狹窄，生活艱苦。1829年起，英國人便將香港島與九龍半島之間的避風港用作錨地，但是周圍山勢陡峭，環境嚴酷。他們在1840年1月回到澳門後，林則徐震怒不已，命令所有英國人五日內離澳。一向試圖中立的葡萄牙人派出若澤·維森特·卡埃塔諾·佐治（José Vicente Caetano Jorge）代表議事會，會見中方道台。道台重申澳門須將義律和所有其他英國國民驅逐出境，威脅關閉所有商館、暫停葡萄牙人的貿易活動和封鎖澳門。面對中方特使恐嚇，生於澳門的若澤·佐治未有屈服。[14] 英國人這時提議，將澳門建設為英國在華的商貿中心，提出派遣載有八百兵員的軍艦「窩拉疑號」（Volage）助守澳門。一如回應海軍中校布萊克先前的建議，澳督邊度反對英國派兵，但英國護衛艦「海阿新號」（Hyacinth）竟然無視總督和議事會反對，強行駛進內港。數日後，廣州方面宣佈，如果葡萄牙人繼續縱容義律留澳，中方就會終止與澳門貿易並摧毀當地。若澤·佐治則堅稱葡萄牙人準備動用所有兵馬，抗擊一切不公侵略。然而，即使所有澳門土生葡人男子參軍，澳門的兵力還是人單勢孤。不過，道台數月後卻稱朝廷在他求情後，允許恢復與澳門的貿易。[15]

14　Ibid., p. 96

15　Ibid., p. 99.

由於中英雙方的挑釁和要求無法經談判解決，鴉片戰爭終於在 1839 年爆發。英國人在 1841 年 1 月奪取香港島。雙方在 1842 年簽訂《南京條約》結束戰爭，將香港割讓英國，同時開放上海、廈門、廣州、福州和寧波為通商口岸。1858 年，清廷增開汕頭為通商口岸。對澳門的葡萄牙人來說，歷史揭開了新的一頁。

第 六 章

香港和上海
的經驗

《南京條約》將港島割讓予英國後，不少來自英國和其他國家的商人及傳教士從澳門遷到香港，帶同葡裔下屬來到這個與澳門相距四十英里、在珠江口對岸的英國領地，但這次遷移並非一時三刻完成。多數商人起初因為香港缺乏基建，而且擔心瘧疾和登革熱肆虐，留在澳門，只有少數英國和其他歐洲企業赴港。不過，澳門的商人幾乎都在約一年後帶同葡裔員工往港，亦有不少人自發到當地謀生。香港成為自由港後，各國商船均可停泊在這個受保護的新錨地，一些葡萄牙企業家亦因此遷到香港。

列奧納多·奧馬達·卡斯楚（Leonardo d' Almada e Castro）和他的兄弟若瑟·奧馬達·卡斯楚（José d' Almada e Castro）是首批遷到香港的葡萄牙人，兩人起初在澳門的英國駐華商務總監辦事處擔任文員，後來奉派到港。前者官至行政局及立法局的文書主任，1854 年更獲提名輔政司，但是由於他並非英國人，任命遭到強烈反對，最終未能成事。他的兄弟若瑟則在新政府仕途順利，官至殖民地司署總文書主任。1878 年，香港總督軒尼詩爵士（Sir John Pope Hennessy，1877 － 1882 年在任）提名葡萄牙人 Januario António de Carvalho 為代理庫務司，但他就像列奧納多一樣，由於葡萄牙身份而未能出任此職。

葡萄牙人在滬港兩地和各通商口岸填補了很多中層職位。他們多為文員，薪酬低於英國人和其他歐籍人士，多數任職滙豐銀行等

大型企業，亦有受僱於香港的政府部門和公營機構，以及怡和、仁記和泰興（今連卡佛）等洋行。他們通曉英語、粵語和滬語（葡萄牙語在澳門以外已不重要），語言能力備受僱主重視，既能充當翻譯，又可作為應對華人的「中間人」。在公司內部，他們能同時與外籍管理層和華人員工溝通。香港社會階層分明，在職場上表露無遺，銀行業最為明顯，行內的英國人自成一國，地位在葡萄牙人之上，華人則在底層。香港總督任命外來人時往往會引發爭議，凸顯出這種社會分隔。當英國人與葡萄牙人不獲通婚時，這種分隔更加變得具侮辱意味。

英國的殖民管治與葡西兩國的迥然不同。英國人將自己與當地人民分開，而非融入當地人的社會。在印度等地，葡萄牙人相信共存是管治之道，而英國人則着重控制和統治。在合乎天主教教義而可行的情形下，葡萄牙人會與本土族羣通婚，但英國人只會嫁娶同胞。雖然不是沒有例外，但在中國，英國血統的歐亞裔人士少之又少，遠遠不及在非洲和巴西的葡萄牙穆拉托人和澳門的土生葡人。英國人在佔領的土地上，自視高於其他種族，但英國殖民主義的性質很快有所改變，人們後來甚至可以歸化英國。

有人或會認為，擁有英籍對擔任英國政府職位至關重要，但葡萄牙人發現實情並非如此。由於葡萄牙人往往無法擔任輔政司或代理庫務司等港府高層職位，部分人於是選擇入籍英國，但他

們獲取英籍的進程緩慢。資料顯示，1897 年居港的葡萄牙人有二千二百六十三人，當中只有五十一人報稱持有英籍。在這些人當中，一千二百一十四人在港出生，九百三十一人生於澳門。[1]

> 港府開綠燈後，很多人都將葡萄牙國籍拋諸腦後，一心成為「英國國民」，但他們之後又面對另一障礙。英國人的殖民主義心態不僅讓他們的外派人員高人一等，而且將歧視帶入商業世界，情況普遍。很多英籍葡人以為入籍後會有更多機會，擔任政府或其他英國機構的職位，但很快發現自己既不能在滙豐銀行與來自英國的「老闆」用同一個洗手間，也無法晉升到首席文員以上的職級（當然在美國公司和一些歐洲公司並非如此）。外派到這些機構的英國人一旦想與葡裔女孩結婚，往往會被遣送回國。葡萄牙人一直將這種羞辱埋藏心中，〔暗地裏〕憎恨英國僱主。[2]

1　Ibid., p. 252.

2　Antonio M. Jorge da Silva, *Diaspora Macaense to California* (Macau: Associação Promotora da Instrução dos Macaenses, 2009), p. 7.

跨越文化與時空的葡亞人：澳門葡裔的演化

在殖民主義盛行的香港，葡萄牙人就算入籍英國也無補於事。港府高層職位依然是留給英國人。葡萄牙人在商界也無法晉升到首席文員（Chief Clerk）以上的職級。這種情況延續很久，到1946年後才有葡裔人士在滙豐銀行擔任主任（Officer）職級。

香港此時趨向繁榮。太平天國之亂（1850 — 1866 年）後，大批移民湧入香港。隨着九龍和新界併入香港，香港的港口貿易和航運日盛。華人企業發展蓬勃，開始購置房產。華人人口節節上升，進入殖民地政府只是時間問題，就算英國人抗拒也無法扭轉大勢。英國人並非壓迫人民的暴政者，但他們是殖民統治者，為了管治的方便，歧視和隔離華人。香港的種族隔離十分明顯，在殖民地當局制定的《1904 年山頂區保留條例》展露無遺，規定華人不得在太平山頂居住。

> （按本條例的規定）山頂區域的任何土地或建築的任何業主、承租人或佔用者，均不得將上述土地、建築或其任何部分提供給華人作居住用途，或允許華人在上述土地或建築居住。[3]

3　《1904 年山頂區保留條例》（英文）：http://www.legco.gov.hk/1904/h040328.pdf。

葡萄牙人遭到另一種歧視。除了英國人的殖民主義態度外，葡萄牙人在澳門多年來與華人打交道時的軟弱表現令英國人對他們失去信心。雖然他們已經在港入籍英國，但地位未有提升。不少葡裔僱員受到歧視，只是有口難言。一名滙豐銀行前僱員苦澀地回憶：

> 說白一點，我父親的一代和他之前的數代人巴結奉承英國主子，卑躬屈膝，恭敬接受管理層只能是外來人這個事實，沒有動亂或激進分子試圖改善待遇。他們安守本分，還很「喜歡」這樣。毫無晉升前景……澳門土生葡裔居民被剝奪經濟、政治和社會機會，淪為自滿而漠然的羣體，但他們的生活尚算可以，而他們也努力過好日子。由於他們還有華人可以看不起，甚至有種錯誤的優越感。

　　弗雷德里克・「吉姆」・席爾瓦（Frederic "Jim" Silva）在他的書中描述了另一個角度：

> 由於種種原因，我們的經濟條件遠低於歐洲殖民者的水平。但令人愜意的是，我們還是比多數華人富裕。當然，這個制度根本不是公平公

正，種族主義色彩明顯，但我們從來都沒有太多異議或反抗。其不公正之處在於無論其他人的教育程度、經驗和能力如何，高層管理職位都是留給〔外派來的〕歐洲人。政府作為香港最大的僱主，在各個部門推行種族主義等級制度，大型英資洋行和銀行自然仿效。毋須多說，這些高層管理人員享有優厚得多的薪酬、悠長的海外假期和講究的居所。

儘管如此，他們無疑樂意在這個看似自然而永恆的體系工作。這種接受的態度或許是源於一個事實：我們的父輩、祖輩或曾祖輩當初就是為了改善生計，才會離鄉別井從澳門來到滬港兩地，而我們就是他們的後人。

我們有意無意中從自己的文化和族羣找到力量與自信，人口多得足以在自己的世界生活，社交和婚姻毋須外求於人。我們大多數人、父輩和祖父輩似乎都樂於順從，感受不到其他活在殖民時代的歐亞裔或有的心理困擾。[4]

4　Horatio Ozorio, 取自 Antonio M. Jorge da Silva, *Diaspora Macaense to California*, pp. 41-42.

然而，這個族羣還是有人會為自己在香港開埠時所付出的貢獻感到自豪。布力架（J. P. Braga）恰當地講述葡萄牙人在香港這個新殖民地的角色。他就算沒有原諒英國人的殖民主義態度和做法，也至少是置之不理：

> 葡萄牙人在香港開埠之初便與英國人共渡時艱，值得驕傲。英國公司的年輕澳門葡裔人士最初跟隨公司到香港建基立業。葡萄牙人在香港開埠初期就展現了忠誠，這是過去百年間香港葡裔人士的特質。澳門的葡裔社羣亦有勇往直前的年輕人移居過來，憑着本領到新的領域一試運氣。[5]

　　移居香港和上海的澳門葡裔人士在當地建立社羣，其社交和情感聯繫漸漸由澳門移到當地，但他們始終有作為葡萄牙後裔的身份認同。在澳門以外，他們總被來自英國和其他歐洲國家的僱主視為「葡萄牙人」，而非「澳門土生葡人」。在香港，雖然不少葡裔人士放棄葡萄牙國籍，改入籍英國，但他們依然被稱為「葡萄牙人」。對他們來說，英國國籍只是字面的身份，並非內心的認同。他們嚴格來說已經不對葡萄牙效忠，但還是堅持作為葡萄牙後裔的身份。

5　J. P. Braga, *The Portuguese in Hongkong and China* (Macau: Fundacão Macau, 1998), p. 141.

由於他們總被歸類為葡萄牙人，無論在工作場所、服役的義勇軍，抑或社羣內部都沒有人用「澳門土生葡人」一詞。他們在滬港兩地和其他通商口岸一直被稱為「葡萄牙社羣」，在國際體育賽事時代表葡萄牙出戰，與其他葡萄牙代表穿着相同的制服，直到從中國遷到西方後才開始自稱「澳門土生葡人」，這種情況或會造成困惑。無論如何，在討論或記錄這些人在二戰後遷徙全球前、在澳門以外的歷史時，我們都不應該稱他們為「澳門土生葡人」。研究者只需要細看文獻，就會發現在這些葡裔人士散居海外前，所有關於他們在澳門外的記載都記錄他們是葡萄牙人。

　　滬港兩地葡人社羣的日常生活與澳門的相當不同。前者生活節奏較快、作風英式，甚至日常都說英語，但他們依然保持重視宗教的生活方式、以身為葡萄牙人的自豪、緊密的家庭關係和他們的族羣社團。香港葡裔人士大多住在教區教堂附近，以便步行前往教堂參加宗教活動。住在九龍的人如果年紀太大而無法走路或感到困難，就會乘人力車前往教堂。在第二次世界大戰後的十年間，香港還是很少人有私家車。他們不論老少，都會先虔誠地參與彌撒，然後才到社交俱樂部、運動場所或在工作前享受休閒時光。多數男人周末都會到九龍的西洋波會（社羣的體育俱樂部），不參與體育活動的則會到酒吧、午餐俱樂部或其他俱樂部參與社交活動。很多年輕女性都會參加體育活動，但也有些人只在朋友圈子內交流。由於她們在家中都有「阿媽」幫忙，未必要親自經手家務。

他們在社羣內部通婚和交際。雖然子女在學校有其他國籍的朋友，有時更會在住所附近或遊樂場一同玩耍，但葡裔父母很少會將其他族羣的小孩邀到家中。從一些照片可見，直到 1950 年代中期，香港葡裔小孩的生日派對還是很少會有「外人」出現。一起成長的非葡裔小童會覺得自己在這類家庭聚會中被人「遺漏」，有些人後來表示：

> 葡萄牙人在香港非常孤立。被他們家人排斥是傷心的事。我們在街頭一同玩耍，但從未被邀請到他們的家中，直到十多歲時，我們才會被叫上參加一些派對，但不是他們的家人邀請。小童長大後總會記得他們一些玩伴的父母，但是雖然我們在同一個圈子玩耍，卻毫不認識對方的家人。[6]

即使葡萄牙人之間的情況也相差無幾。成年人很少與其他地方的同胞交往。滬港兩地的葡裔人士都沒有完全融入英國人或其他歐洲人的圈子。他們自認葡萄牙人，但無法下定決心將自己當成歐洲人。另一方面，他們又抗拒被稱為「歐亞混血」，只是認為自己是

6　作者於 2013 年 1 月 22 日在美國加州與 Joseph E. Sayer 的訪談。

葡萄牙人的後裔。也許與英國人和其他歐洲人無法自在相處，他們很少交際。葡萄牙人視英國人或其他歐洲人與華人的後代為歐亞混血兒。雖然這種看法正確，但我們也要理解到，香港社會普遍認為歐亞混血兒與英國人或其他歐洲人的地位不同。香港葡裔人士很少會與歐亞混血兒來往，而且（至少口頭上）歧視他們。在過去數百年來，一直有人認為，白種歐洲人無論有何種族成分，始終都比任何膚色的亞洲人高級。葡萄牙人心底總有一種與其他民族不同的差異，對應了本尼迪克特・安德森（Benedict Anderson）關於選擇性記憶和集體身份認同的論述。他指出：「要理解民族主義的話，我們必須將之放在恰當的相對位置上。我們不應參照自己本來都擁有的政治意識形態，而是要參照先於其存在的大文化體系，民族主義就是從中經過對立而產生。」[7]

受僱於英國人的葡裔人士以英語聽説讀寫。英語的地位經過數代人的時間不斷上升，甚至取代葡萄牙語作為家庭語言。滬港兩地葡萄牙人的生活遠離澳門，生活方式和語言不同，只會偶然到澳門拜訪親友，英語成為他們在澳門外的通用語，多數葡裔移民的後代不會説、甚至聽不懂葡萄牙語。很多人從滬港兩地和其他通商口岸回澳探親時，幾乎覺得自己到了外國。

7　Benedict Anderson, *Imagined Communities: Reflections on the Origin and Spread of Nationalism*, Rev. edition(London; New York: Verso, 2006), p. 12.

在澳門以外，中國其他地方的葡裔人士不諳葡語，生活也較為英式，與身邊的華人不太熟絡，很少用粵語與華人鄰居聊天，但是他們購物、吩咐「阿媽」辦事或工作需要時還是會說粵語。這種習慣是因為他們的粵語不及澳門葡裔人士般流利，更重要的是他們活在一個分為三層的社會，夾在中間沒有社交。

上海葡裔人士起初多數在公共租界居住，受僱於美國人、英國人或其他歐洲人。他們在體育場合外一般不太與其他西方人交往。比起香港葡裔人士，他們對葡萄牙的忠誠和民族自豪感更加明顯，這或許是因為上海不是英國殖民地，而是一個遠離澳門的國際化環境。他們多數沒有英籍，與當地葡萄牙領事保持密切聯繫。當時葡萄牙在上海享有治外法權，對國民有專屬的民事和刑事管轄權。儘管他們工作時會與僱主互動，但社交活動通常還是在自己人之間和盧濟塔尼亞人俱樂部內進行。他們多數是文員，社會地位被僱主輕視，待遇與身份認同和自尊有重要關連。與在港的葡裔人士一樣，他們對這種差別對待有一種難以言喻的感覺，或多或少感到不滿。這種說法是有根據的，例如他們在上海的英國企業也不會晉升到文員以上的職級。但與香港葡人不同的是，他們的子女會在學校與其他歐洲小孩打成一片，會在萬國商團的葡萄牙團練隊為葡萄牙效力，年輕時更短暫過加入由薩拉查（Salazar）建立、曾經也在澳門活躍的葡萄牙青年團。

不同地域的葡萄牙人之間有一定的隔閡。自從澳門出生的葡裔人士在出生地（terra natal）澳門外發展起新的社羣，澳門的葡萄牙人便與滬港兩地的存在對立，原因包括距離、以英語作為通用語的問題和一些在港就業的人改入籍英國等。這三個社羣之間會舉行體育競賽，有時到對方主場作賽。雖然這些競爭整體上是友好的，但有時也有互相競爭的一面。不過，這三個社羣始終保持基本尊重，從未傷害對方。

在華的葡人家庭有一個重要共通點，就是「阿媽」（即女性家務助理，在香港也稱為「傭人」）在家庭佔有重要的角色，在香港尤甚。葡萄牙語的 Ama（來自中世紀拉丁文 Amma）除了代表「母親」，也可以指乳娘或管家。粵語的 Ah Ma 也表示「母親」，語調變化一下更可以指「祖母」。

> 這些傭人以女性為主，當地人稱為阿媽，負責打掃、煮飯和照顧小童，難怪她們也被當地社羣被稱為「打掃阿媽」、「煮飯阿媽」或「保姆阿媽」，當時大部分阿媽都穿着黑色絲質長褲和漿洗過的白色棉質外衣。阿媽住在家裏，很多都會留在香港的家庭當小孩的代母，直到退休。[8]

---

8 Antonio M. Jorge da Silva, *The Portuguese Community in Hong Kong*, Vol. 2 (Macau: Instituto Internacional de Macau, 2010), p. 13.

在香港，由於人們往往無法正確讀出小童的葡文姓名，於是起了不少綽號，有時甚至實際上取代了本名。另外亦與面相或身體特徵有關的綽號，有些近乎侮辱。這些綽號跟隨他們一生。有些名字的變化則因為阿媽發不到正確的音所致，華人很難發好捲舌的 "R" 音，例如 Alberto 變成了 Ah-Pito，Nádo 代替了 Leonardo，Míco 或 Cus-Cus 代替了 Marcus。有些親切的綽號是由葡裔社羣成員所起，包括涉及膚色的 Darkie、Cigar 和 Noong（燶）。鼻子挺拔的人會被稱為 Corta Vento，葡萄牙語的字面意思是「把風切斷」。後來還有作為 Mofíno 縮寫的 Moofie，在葡萄牙語意為「討厭、猥瑣或可憐的人」。小孩亦時常會有粵語暱稱，例如小女兒是「阿囡」（Ah-nui），小兒子是「仔仔」（Chai-chai）或「阿仔」（Ah-chai）。

很多保姆阿媽在照顧孩子長大、結婚，甚至生兒育女後，依然住在僱主家中。受她們照顧的人都很喜愛她們，視她們為代母。澳門土生葡人在 1950 至 1970 年代全球遷徙後，這些全心全意服務僱主的女性則留在中國。這些家庭離開時無法帶上她們，但沒有忘記她們。歲月匆匆，一些家庭後來有幸與他們的阿媽重逢，雖然只有數小時或數日的短暫時光彼此相見時都淚流不止。

有些葡人後裔則融入了華人社羣，與葡萄牙祖先和傳統斷絕聯繫，以致為多數歷史學者所忽略。無論他們的祖先來自澳門、香港還是上海，葡萄牙與他們的日常生活並沒有太大關係。Leonard

Rivero 在一篇文章提到來自上海、母親是華人而父母沒有合法結婚的葡裔人士：

> 1957 年後，大部分葡人後裔及其子女都直接融
> 入了上海的華人社羣，與葡裔父母失去聯繫。
> 在上海，華人有時會對他們存有偏見，在文化
> 大革命時，他們更因混血身份而受到不公對待，
> 無法獲得高薪的職位和舒適的住宅。他們往往
> 會隱藏自己的葡萄牙身份，包括停用葡萄牙姓
> 氏並跟隨母姓，只說漢語，拋棄所有與其葡萄
> 牙世系有關的事物。隨着時間流逝，他們斷絕
> 了一切與葡萄牙祖先的聯繫，失去了對葡萄牙
> 文化和歷史的認識。[9]

此外，一些澳門土生葡人的子女據稱因為不同的原因而到中國內地生活，再無音信。如果某種原因導致一個小童與他的葡裔父親分離，而母親又無力將他撫養成人，那麼這個母親為了供養孩子和確保家人安全，自然會想重回她唯一熟悉的生活方式和社羣。不論是甚麼痕跡，曾經生活在中國各地的葡人，都對自己的生命留下不可忘懷的回憶。

9　Leonard C. Rivero, *Shanghaiguese*。作者於 2011 年 6 月在加州費利蒙的一個聚會中收到該篇文章，另見 www.shantuguese.webs.com。

圖 10　阿媽與兒童（1940 年）

圖 11　澳門兒童

第七章
·
鴉片戰爭後的澳門

鴉片戰爭後，通商口岸紛紛建成。與此同時，海盜再度橫行，威脅中方艦隻。這些掠奪者認為香港和各通商口岸是嶄新而具吸引力的作案場所，人們要時刻關注船隻和貨物安全。「……自 1843 年起，葡萄牙人的老閘船（lorcha）便用作貿易用途、協助朝廷運輸和護航……」[1]。這些船隻速度甚快，武備精良，通常是雙桅船，配有三角帆和圓帆，較大的為三桅船。徐薩斯指出，這些船「吃水很淺，船尾和方向舵採用中式設計，極為善於快速搶風轉向」。老閘船亦被稱為歐式船身配搭中底船帆的戰鬥艦，由葡萄牙和華人船員駕駛，成為了澳門「最大的希望，為這座城市的經濟和政治福祉帶來保證」。年輕的澳門土生葡人和華人合組戰鬥隊伍，他們的老閘船由四十噸到一百五十噸不等，大的備有二十門火炮，全在內港淺水區建造。這些船隻通常會被官商租用來巡邏海岸，保護港口之間的船隻和航道，有時更會與英國炮艦並肩作戰。由於老閘船在淺水回旋容易，因此「老閘船員」（lorchamen）可以搶先追擊和摧毀海盜船。不過，隨着輪船在 1800 年代末出現，老閘船漸漸遭到廢棄。直到二十世紀，海盜仍以各種方式在港澳之間的水域出沒。

1　C. A. Montalto de Jesus, *Historic Macao*, p. 382.

圖 12　老閘船（速繪）

隨着香港日漸繁榮，商人和企業紛紛離開澳門，橫過珠江口另謀出路。留在澳門的英國人和其他歐洲人只着眼生意，沒有融入澳門當地社會。雖然他們在澳門居住並且僱用了一些當地人，但只視當地為一座在沒有其他「避難所」的情況下要維持的據點。

香港憑着深水港的優勢發展蓬勃，成為新興的對華貿易中心，深水輪船和貿易商人來自世界各地，絡繹不絕。香港在確立自由港地位後，對外商吸引力大增。澳葡政府有人因此認為澳門也應享有相同地位。1844年，葡萄牙人要求北京讓步，但在缺乏英國人支持下無功而還。就在此時，中國勞工開始輸往美洲，葡萄牙人則佔領了澳門半島對面的氹仔。在首批澳門土生葡人跟隨英國僱主遷往香港後不久，有更多人在1845年遷往滬港兩地謀生，一些人甚至到了中國其他通商口岸和日本。[2] 1845年11月，葡萄牙女王瑪利亞二世（1834－1853年在位）宣佈澳門為自由港，同時任命亞馬留上校（João Maria Ferreira do Amaral，又譯亞馬喇）來「維護對這個殖民地的絕對主權」[3]。

亞馬留總督是意志堅定、戰意頑強的海軍將領。他在1846年4月抵澳，必要時會以武力維護新的規則，立場強硬。他先對華人

2　Beatriz Basto da Silva, *Cronologia da História de Macau*, Vol. 3, p. 113.

3　C. A. Montalto de Jesus, *Historic Macao*, p. 318.

跨越文化與時空的葡亞人：澳門葡裔的演化

102

徵稅，然後向中國「渡船」徵收關稅，引發船民暴動。為了在澳門城與關閘之間修建道路，他派人拆毀沿途的華人墳墓，令華人憤怒不已，恨之入骨。他後來更下令關閉粵海關澳門關部行台，並且拒絕向中方支付澳門地租，一心推翻澳門是中國領土的長期認知。與華人交往已久的澳門議事會了解華人居民的想法，看不出亞馬留傲慢好戰的態度有何好處，於是致函葡萄牙殖民部長反對總督的「極端反華政策」。亞馬留得悉此事後，一怒之下解散議事會，辱罵前議員缺乏忠誠和愛國精神。[4] 澳門土生葡人此時發現，無情而固執的亞馬留會不惜一切貫徹個人意志。當局明確宣示澳門是葡萄牙領土，對華人的善意幾乎消失殆盡。沒有議事會的澳門近乎處於軍事管制，經濟急劇衰落，民眾絕望不已。徐薩斯指亞馬留的行動「不適時」，而且認為：

> 本國政府將這個殖民地完全置於危機之中，放任不管。自由貿易政策假裝在修補經濟，但形勢不斷惡化。庫房的償付能力依賴澳門土生葡人商人出於愛國的捐款；而為了公共治安，市民更要背上兵役的負擔⋯⋯

4　Ibid., p. 326.

在愛國者不懈犧牲的同時，徵稅和徵兵的負擔
惹起廣泛不滿，人們的沮喪情緒加劇了這種不
滿……[5]

亞馬留甚至對華人勞工喜好的街頭賭博處以罰款。有趣的是，
此舉無意中幫助了番攤和白鴿票等彩票的發行。這些合法賭博活
動隨着英治香港開埠的衝擊所帶來的經濟衰退，成為了穩定澳門
商業和金融非常重要的工具，更加導致後來基瑪良士（Isidoro
Francisco Guimarães）總督的政府（1851－1863年）對澳門賭博
業的發展作出讓步。[6]

在一場宗教巡遊時，亞馬留發現一名來自香港的英國男子拒絕
應神父的要求除帽，將他拘捕，這件小事演變成與英國人的衝突。
英國海軍在澳門非法營救這名男子，殺害了一名休班士兵，另外造
成三人受傷，結果相當可悲：「華人起初相信澳門處於英國庇護之
下，現在則認為這種情況不再……在廣州，官府縱容張貼懸賞亞馬
留首級的煽動海報。」[7]

5　Ibid., pp. 326-327.

6　Beatriz Basto da Silva, *Cronologia da História de Macau*, Vol. 3, p. 129-130.

7　C. A. Montalto de Jesus, *Historic Macao*, p. 340.

數日後，即 1849 年 8 月 22 日，為華人所恨、首級被人懸賞的亞馬留如常到關閘外策騎，途中遭到刺殺。中方出於擔心葡人報復，或可能準備武力接管澳門政府，派兵到邊界和白沙嶺（關閘以北半英里處的一個制高點）的要塞集結，掀起葡萄牙人和華人前所未見的大型軍事對陣。1849 年 8 月 25 日，土生葡人美士基打（Nicolau Vincente de Mesquita，又譯味士基打）中尉率領三十六名志願軍人突襲白沙嶺炮台，擊潰要塞內數百名中方士兵，制止了中方侵犯澳門的意圖，從此葡萄牙人稱白沙嶺為 Passaleão（或指「雄獅所經之處」）。為了維持澳門秩序，葡萄牙從印度派出一支部隊增援這班志願軍，但這支部隊的作用僅限鼓舞士氣，因為葡萄牙人在白沙嶺之戰後，除了與周邊海盜時有衝突外，便未再與華人交戰。

　　白沙嶺之戰間接促成了在 1862 年草簽、承認葡萄牙擁有澳門主權的《中葡和好貿易條約》，但條約未獲最終批准，令葡萄牙人大為惱怒。英國人本來可以促使中方批准條約，但他們不希望在珠江對岸增添對手，於是袖手旁觀。他們盤算自身利益，樂見鄰居陷入困境，只有在真正大事不妙時才作出反應。

ROTEIRO DA CIDADE DE MACAU · 澳門市遊覽指南圖說明

1 — Cais de vapores de Hongkong.
  Wharves of the Hong Kong Steamers. 　1—香港輪船碼頭

2 — Policia Maritima e Fiscal.
  Revenue Officers Station. 　2—水警稽查所

3 — Hong Kong Miu (Templo Chinês).
  Hong Kong Miu (Chinese Temple). 　3—康公廟

4 — Leal Senado e Biblioteca Pública.
  Municipal Council and Public Library. 　4—市政廳及市立圖書館

5 — Correios, Telégrafos e Telefones.
  General Post Office, Telegraph and Telephones. 　5—郵電廳

6 — Central da Policia (Comissariado).
  Central Police Station. 　6—警察總局

7 — Hotel Riviera.
  Riviera Hotel. 　7—利爲旅酒店

8 — Banco Nacional Ultramarino.
  Portuguese National Overseas Bank. 　8—大西洋海外銀行

9 — Sé Catedral.
  Cathedral. 　9—天主教堂（大衆）

10 — Monumento a Ferreira do Amaral.
  Ferreira do Amaral Monument. 　10—雅馬拉紀念銅像

11 — Colégio de Stª Rosa de Lima.
  St. Rosa de Lima College. 　11—聖羅撒書院

12 — Liga dos Combatentes da Grande Guerra.
  Club of the Veteran of World War I. 　12—第一次世界大戰戰士聯盟會

13 — Grémio Militar.
  Military Club. 　13—陸軍俱樂部

14 — Quartel de S. Francisco.
  St. Francisco Barracks. 　14—嘉思欄兵營

15 — Hospital Conde de S. Januário.
  Government Hospital. 　15—仁伯爵醫院

16 — Observatório Meteorológico.
  Observatory. 　16—氣象台

17 — Cemitério dos Parses.
  Parsee Cemetery. 　17—白頭墳場

18 — Farol da Guia.
  Guia Lighthouse. 　18—松山燈塔

19 — Centro Náutico da Mocidade Portuguesa.
  Portuguese Youth Nautical Center. 　19—葡國青年團艇俱樂部

20 — Porto Exterior.
  Outer Harbour. 　20—新口岸

21 — Reservatório de água potável.
  Reservoir for water supply. 　21—水塘

22 — Estação Radiotelegráfica.
  Wireless Station. 　22—無線電發射台

23 — Templo chinês de Macau-Seac.
  Chinese Temple of Macao-Seac. 　23—馬交石天后廟

24 — Monumento a Vasco da Gama.
  Vasco da Gama Monument. 　24—華士古達嘉馬紀念銅像

25 — Igreja de S. Lázaro.
  St. Lazarus Church. 　25—聖母堂

26 — Cemitério de S. Miguel.
  Cemetery of St. Michael. 　26—聖美基西洋墳場

27 — Liceu Nacional Infante D. Henrique.
  Macao Lyceum. 　27—殷皇子利宵中學

28 — Campo Desportivo da Caixa Escolar.
  Schools Playground. 　28—助學會運動場

29 — Escola Primária Oficial.
  Government Primary School. 　29—官立小學

30 — Monumento da Vitória sobre os Holandeses.
  Monument Commemorating our Victory over the Dutch. 　30—戰勝荷蘭紀念牌

31 — Hospital Militar.
  Military Hospital. 　31—陸軍醫院

32 — Residência da familia do Dr. Sun Yat Sen.
  Residence of Dr. Sun Yat-Sen. 　32—孫中山博士紀念館

33 — Jardim de Lu Lim Ioc. (Hoje Escola Pui Cheng).
  Loo Yim-Yok's Garden. (Now Pui Cheng School). 　33—盧廉若花園（現爲培正學校）

34 — Escola Infantil.
  Kindergarten School. 　34—官立幼稚園

35 — Jardim da Flora.
  Public Garden (Flora). 　35—二龍喉花園

36 — Kun Iam Tong (Templo Chinês).
  Kun Iam Tong (Chinese Temple). 　36—觀音堂

37 — Central Eléctrica.
  Electric Light and Power Station. 　37—電力廠

38 — Jardim da Montanha Russa.
  «Montanha Russa» Garden. 　38—螺絲山花園

39 — Novo Cemitério Protestante.
  Protestant Cemetery. 　39—新基督教墳場

40 — Fortaleza de Mong-Há.
  Old Fortress of Mong-Há. 　40—望廈古壘

41 — Lin Kai Miu (Templo Chinês).
  Lin Kai Miu (Chinese Temple). 　41—蓮溪廟

42 — Portas do Cerco.
  Barrier Gate. 　42—關閘

43 — Fábricas de panchões.
  Firecracker Factories. 　43—炮竹廠

44 — Casas económicas (Bairro Tamagnini Barbosa).
  Houses for the poor. 　44—平民屋（巴波沙坊）

45 — Lin Fong Miu (Templo Chinês).
  Lin Fong Miu (Chinese Temple). 　45—蓮峯廟

46 — Esquadra Policial.
  Police Station. 　46—警察分局

47 — Central purificadora de água.
  Water Supply Purification Plant. 　47—自來水濾水總站

48 — Estação Central das bombas de água.
  Water Supply Pumps. 　48—自來水抽水總站

49 — Campo Desportivo e Canidromo.
  Public Sports Ground and Canidrome. 　49—運動場及跑狗場

50 — Casas económicas (Bairro 28 de Maio).
  Houses for the poor. 　50—平民屋（快子基五二八坊）

圖 13　由前澳門市政廳出版的澳門市遊覽指南圖説明

CIDADE DO NOME DE DEUS

NÃO HÁ OUTRA MAIS LEAL

MACAO GUIDE

51	Fábrica de pivetes insecticidas. / *Factory of Insecticides sticks.*	51—蚊香廠
52	Colégio do Sagrado Coração. / *Sacred Heart College.*	52—聖心書院
53	Estaleiros chineses. / *Chinese Ship Yards for junks.*	53—造船廠
54	Mercado Municipal Almirante Lacerda. / *Municipal Market.*	54—提督上將市場
55	Fábricas de fósforos. / *Match Factories.*	55—火柴廠
56	Fábricas de artefactos de malha. / *Knitted Goods Factories.*	56—紡織廠
57	Bombeiros Municipais (Quartel). / *Fire Brigade Station.*	57—消防局
58	Hospital Chinês «Kiang Vu». / *Chinese Hospital.*	58—鏡湖醫院
59	Instituto Canossiano. / *Canossian Institute.*	59—嘉諾撒孤兒院
60	Cemitério Protestante. / *Old Protestant Cemetery.*	60—舊基督教墳場
61	Museu. / *Museum.*	61—博物院
62	Gruta e Jardim de Camões. / *Camoens Grotto and Garden.*	62—賈梅士洞及花園
63	Tou Tei Miu (Templo Chinês). / *Tou Tei Miu (Chinese Temple).*	63—土地廟
64	Igreja de St.º António. / *St. Anthony Church.*	64—聖安東尼堂（花王堂）
65	Ruínas de S. Paulo. / *Ruins of St. Paul.*	65—大三巴牌坊
66	Fortaleza do Monte. / *Old Monte Fortress.*	66—中央大炮台
67	Hospital de S. Rafael. / *St. Raphael Hospital.*	67—聖辣法耶醫院（白馬行醫院）
68	Igreja de S. Domingos. / *St. Dominic Church.*	68—玫瑰堂
69	Santa Casa da Misericórdia. / *The Holy Houses of Mercy.*	69—仁慈堂
70	Serviços de Economia. / *Economic Services Department.*	70—經濟廳
71	Igreja de St.º Agostinho. / *St. Augustine Church.*	71—聖奧斯定堂
72	Clube de Macau. / *Macao Club.*	72—澳門俱樂部
73	Seminário de S. José. / *St. Joseph Seminary.*	73—聖若瑟修院（三巴仔）
74	Palácio do Governo. / *Government House.*	74—省政府
75	Igreja de S. Lourenço. / *St. Lawrence Church.*	75—魯彌佐堂（風順堂）
76	Instituto Salesiano. / *Salesian Industrial School.*	76—慈幼學校
77	Parque Infantil. / *Children's Park.*	77—兒童遊樂場
78	Hotel Bela Vista. / *Bela Vista Hotel.*	78—峯景酒店
79	Ermida da Penha e Residência Episcopal. / *Penha Church and Bishop's Residence.*	79—西望洋聖堂及主教府
80	Ténis Militar. / *Military Tennis Courts.*	80—陸軍網球場
81	Residência do Governador (Santa Sancha). / *Governor's Residence.*	81—總督私邸（竹仔室）
82	Ténis Civil. / *Civil Tennis Courts.*	82—文員網球場
83	Colina da Barra. / *Barra Hill.*	83—媽閣山
84	Ponta da Barra. / *Barra Point.*	84—媽閣咀
85	Fortaleza da Barra. / *Old Fortress of Barra.*	85—媽閣古堡
86	Oficinas Navais. / *Naval Dockyard.*	86—海軍船塢
87	Ma Kok Miu (Templo Chinês). / *Ma Kok Miu (Chinese Temple).*	87—媽閣廟
88	Capitania dos Portos. / *Harbour Office.*	88—港務局
89	Edifício das Repartições Públicas: Serviços de Fazenda; Tribunais Judicial e Administrativo; Serviços de Administração Civil. / *Public Departments Building: Treasury Department; Supreme Court; Civil Administration.*	89—政府合署大厦：財政廳、法院、評政院及民政廳。
90	Colégio D. Bosco. / *D. Bosco College.*	90—鮑斯高書院
91	Monumento a Jorge Álvares. / *Jorge Alvares Monument.*	91—奧維士紀念石像
92	Mercado de S. Lourenço. / *St. Lawrence Market.*	92—下環街市
93	Mercado de S. Domingos. / *St. Dominic Market.*	93—營地街市
94	Monumento a Vicente Nicolau de Mesquita. / *Nicolau Mesquita Monument.*	94—美副將紀念銅像
95	Piscina Municipal. / *Municipal Swimming Pool.*	95—游泳池
96	Imprensa Nacional. / *National Printing Press.*	96—官印局
97	Clube Náutico. / *Nautical Club.*	97—遊艇俱樂部
98	Cemitério de Nossa Senhora da Piedade. / *Our Lady of Piety Cemetery.*	98—聖母墳場

比例 1:10.000

澳門人口此時穩定增長,華人的升幅尤其迅速。在澳門開埠後的兩三個世紀內,當地的人口統計都只靠粗略估算。根據黎沙的表格,澳門華人數量穩步上揚,遠超葡萄牙人,後者的人口在二百多年間一直維持在四千人左右。[8] 1621 年的人口統計很可能並無將葡萄牙人的奴隸計算在內,但 1740 年和之後的數字則包括來自中國和其他國家的奴隸。

表 2　澳門人口(1621 - 1871 年)

年份	葡萄牙人 (包括澳門土生葡人及奴隸)	華人	總數
1621	700 - 800	8,100	10,800
1740	4,000	8,000	12,000
1825	4,500	18,000	22,500
1849	4,000	40,000	44,000
1871	5,463	66,267	71,730

澳門的葡裔人口在 1849 年至 1871 年顯著增加,部分來自三支來澳門服役的分遣隊。1849 年關閘事件後,首支約三百人的隊伍來到澳門,而另外兩支部隊則在 1857 年來到,人數或與首支隊伍相近。[9] 根據上表,1871 年的葡萄牙人口比 1849 年的多出約八百人,

---

8 Almerindo Lessa, *A História e os Homens da Primeira República Democrática do Oriente*, pp. 154-155.

9 Beatriz Basto da Silva, *Cronologia da História de Macau*, Vol. 3, p. 172.

可以斷定是派兵所致。文德泉蒙席在 *Macau Através dos Séculos*
（《橫越數世紀的澳門》）中記述了一些人口成分，其中提到：

> 1860 年，澳門衞生司長席爾瓦醫生 (Dr. Lucindo
> da Silva) 從當時教區的資料得知，該市的人口
> 為 85,471 人，其中葡萄牙人或葡萄牙人的後裔
> 為 4,611 人，新近領洗的亞洲人有 790 人，其
> 他歐洲人、帕西族人和印度人合共有 70 人，華
> 人有 80,000 人。

> 1878 年 12 月 31 日，經省政府命令確定，該市
> 人口為 59,959 人，其中葡萄牙人 4,431 人、華
> 人 55,450 人、外國人 78 人。這些數字包括了
> 〔居住在漁船的〕水上居民，他們在 1871 年有
> 10,060 人，到 1878 年有 8,935 人。[10]

　　文德泉蒙席指出，有關華人人口的資料肯定存有誤差，因為在
1871 年至 1878 年間，華人的岸上居民和水上居民肯定有增無減。
對比這兩個年份的估算，這些人口資料的準確性確實可疑，但這兩
個年份的資料均顯示澳門整體人口和華人人口均有所增加。由於很

10　Fr. Manuel Teixeira, *Macau Através dos Séculos* (Macau: Imprensa Nacional de
　　Macau, 1977), pp. 56-57.

多葡人家庭遷到滬港兩地，澳門少了大約三百名葡萄牙人。因此，即使將新來的士兵計算在內，澳門葡裔人口可能也沒有增加。

　　澳門經濟急速下滑，與香港的進步形成強烈對比。1885 年，葡萄牙政府考慮以葡屬畿內亞和澳門交換法屬剛果，惹起英國人警惕。[11] 英國由於擔心法國過於接近香港，容易進入中國，於是一改對《中葡和好貿易條約》的消極態度，積極支持中葡簽約。中葡兩國最終在 1887 年簽訂《中葡和好貿易條約》。該條約由赫德爵士（Sir Robert Hart, 1863 － 1911 年任晚清海關總稅務司）起草和議定，確認葡萄牙「永居管理澳門」，次年正式生效。這份條約在當時看來似乎是一場勝利。但從中國人的角度而言，問題尚未結束，而且條約並未確認澳門邊界。

　　　　中葡兩國簽訂《中葡和好貿易條約》後的二十
　　　　年間，澳葡當局不曾停止擴張，完全佔領了關
　　　　閘和青州以南，並且侵佔氹仔島和路環島，但
　　　　他們進佔關閘以北的區域、灣仔東部和大小橫
　　　　琴行動均為廣東當局與百姓所遏制。[12]

11　Beatriz Basto da Silva, *Cronologia da História de Macau*, Vol. 3, p. 295.
12　Chengkang Fei, *Macao 400 Years*, p. 298.

值得一提的是，鴉片戰爭後自願移居美洲的華人在當地遭到嚴重剝削。臭名遠播的苦力貿易將廉價勞工從華南經澳門運到秘魯和古巴等南美國家，有的甚至到了北美的農莊、礦場或鐵路勞動。這種貿易在二十多年間（1848 － 1874 年）蓬勃發展。費成康解釋了它的開端：

> 鴉片戰爭後，急需大批廉價勞工的西方國家開始大規模擄掠華工。當時清廷雖然並未廢除嚴禁華民出洋的法令，但清朝官吏對這種非法勾當大多放任不理。在 1845 年，廈門首先成為輸出大量契約華工的中心。澳門約兩年後也成為輸送華人的口岸，面向西班牙的殖民地古巴和秘魯，以及一些剛脫離西班牙獨立的國家……

> 此時的苦力貿易極其殘忍。這些華工表面上是自願出洋的契約華工，但實際上絕大多數都是被拐賣的「豬仔」。[13]

到了 1825 年，秘魯等西班牙在南美的殖民地紛紛獨立。黑奴貿易廢除後，很多國家都要輸入廉價勞工種田。起初的華工是自願

13　Ibid., p. 264.

移民，但人口販子很快就控制了勞工貿易，並且快速擴張。他們金錢至上、貪得無厭，不顧工人死活。英國、法國、西班牙、葡萄牙和其他數個歐洲國家的公司都有參與這些貿易，將活人當作貨物運往秘魯、古巴和加州等地。雖然葡萄牙早在 1836 年就廢除奴隸制，但禁令要到 1856 年才在澳門強制執行。在 1849 年至 1858 年間，華人苦力不幸「移民」到秘魯，過程不乏澳門土生葡人船主參與。他們起初以為自己在運輸勞工，而非殘忍運送被販賣的人口。最早受託將二百五十名苦力運到秘魯和利馬的卡亞俄港，他們所用的船隻稱作「索菲亞號」，由若澤・維森特・卡埃塔諾・佐治持有，最早出航是 1851 年。不過，他翌年就停止運送苦力，根據施白蒂在 *Emigração de Cules*（《苦力移民》）一書的記載，停運原因是他們「沒有隱藏自己的目的和手段」。[14] 著有《歷史上的澳門》的徐薩斯指，澳門的豬仔館和華工運輸均受一些條例規管。這些苦力在出發前的「住宿」（或是更現實的「監禁」）還是舊的一套，有如非洲西海岸畿內亞的奴隸貿易商數百年前所做的事，唯一分別就是當時沒有打算制定條例。當歐洲各國廢除奴隸貿易後，這些貿易竟然在中國重演。雖然最初打着運輸外勞的旗號，但實情卻清楚不過：苦力不過是用作貿易的商品，完全不會混入澳門人口。用徐薩斯的話來說，他們是被可恥地「存進」豬仔館，然後再被運出。

---

14 Beatriz Basto da Silva, *Emigração de Cules: Dossier Macau, 1851-1894* (Macau: Fundação Oriente, 1994), pp. 25, 61.

為了打擊秘密運送苦力，當局在 1855 年規定有
關合同必須註冊，並由岸上的檢察官和船上的
港務長檢查苦力；根據 1856 年起生效的規定，
苦力必須獲得許可和擔保，誘惑或強迫移民可
被懲罰⋯⋯在澳門，無人比可敬的廣大澳門土
生葡人更痛恨這種骯髒販賣。他們與之毫無瓜
葛，認為這是對殖民地的極度恥辱。奴隸販子
來自不同國家，有些葡萄牙人給他們當助手。[15]

雖然條例已定，但澳門的苦力貿易依舊，並且是主要的運輸基
地。英國、西班牙、法國、意大利、荷蘭和美國的船隻也從香港和
中國其他地方出口苦力。從 1854 年至 1858 年間，香港出口了成千
上萬苦力。文德泉蒙席強調：

首批到達南美的華人苦力來自這個英國殖民
地，而非澳門。首份將華人苦力出口到古巴的
合同是在倫敦、而不是里斯本簽署⋯⋯對所有
能夠付擔旅費的華南移民而言，香港仍然是他
們更為屬意的移民港口。香港一度（1857 年 3 月）
有封閉的豬仔館，令人震驚，旋即遭到當局取
締。[16]

---

15   C. A. Montalto de Jesus, *Historic Macao*, pp. 399-401.

16   Fr. Manuel Teixeira, *O Comércio de Escravos em Macau* (The So-called Portuguese
      Slave Trade in Macao), pp. 76-78.

十一年後，香港首席按察司要求澳門在 1867 年頒佈苦力販賣禁令，[17] 但苦力貿易還是持續到 1874 年。

　　滬港兩地的發展，尤其是作為中國商港取得的成功，將澳門的角色完全掩蓋。在英國人和其他歐洲貿易商眼中，澳門已經沒有價值。與此同時，愈來愈多葡萄牙人意識到新的港口前景樂觀，相繼離開澳門到滬港謀生。澳門以外的葡裔社羣不到百年就從數百人增至數千人。到 1930 年，香港已經有超過三千名葡萄牙人，上海則有超過一千五百人。[18] 在 1911 年底，澳門的土生葡人估計有三千人。[19] 到了 1927 年，統計顯示當地有 3,846 名葡萄牙人，其他國籍的有 591 人，華人則有 152,738 人。[20]

　　眼見香港蓬勃發展，澳門亦開始興建基礎設施，試圖恢復商業活動。在二十世紀的頭十年，當局在外港填海，並且拓寬望廈以東至關閘和黑沙環的狹窄地帶。海盜依然不時侵擾港澳之間的島嶼，構成威脅。澳門也建設新的學校，而且有音樂家來來往往。1850 年

17　C. A. Montalto de Jesus, *Historic Macao*, pp. 408-409.

18　*Hong Kong Sessional Papers* (1931), p. 111, Tab. 11.

19　Beatriz Basto da Silva, *Cronologia da História de Macau*, Vol. 4, p. 92.

20　Ibid., p. 242.

代中期，澳門引入電話服務。1865 年，松山燈塔開給澳門周邊海域導航，是中國海岸首座現代燈塔。1870 年，貝爾南迪諾‧李美雕（Maria Bernardina dos Remedios）家族的豪宅落成，後於 1890 年改建為好景酒店，其後易名峰景酒店，成為地標。這座城市慢慢變成歷史旅遊勝地，奠定了它直至二十世紀末的命運。與此同時，人門開始重視氹仔和路環，頻頻試圖驅逐當地海盜。總而言之，這座城市運作正常，不過暮氣沉沉，失掉了昔日光輝。

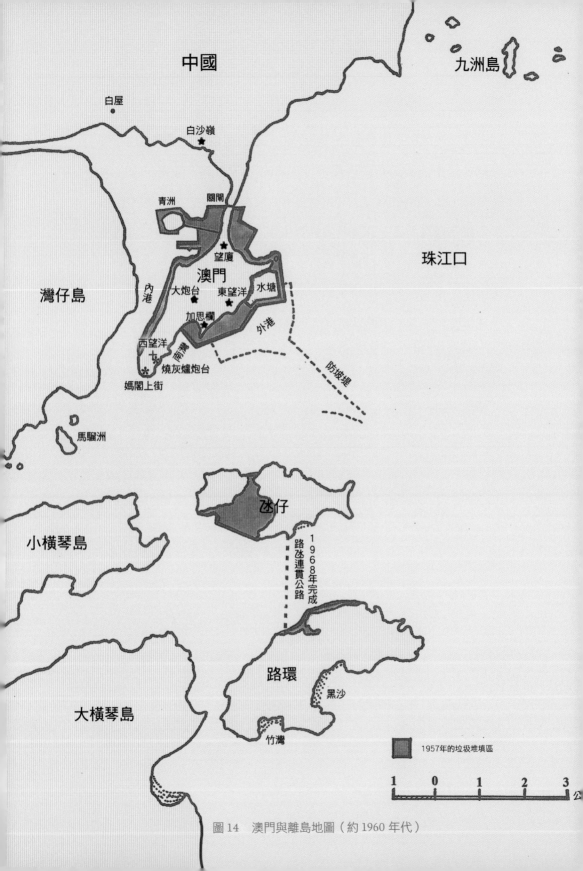

圖14 澳門與離島地圖（約 1960 年代）

第八章

二十世紀
初期

自十九、十九世紀之交起，澳門名聲顯赫的商團都是由華人主導。在十八世紀初，華人人口是葡萄牙人及其本地出生子女的兩倍。一個世紀後，華人數量達到葡萄牙人的十倍。甚至在更早以前，華人就已經完全控制澳門的零售業和製造業，並且購置房產作辦公或居住之用，不斷發展產業。面對華人全面控制製造業市場，澳門的葡萄牙人並沒有與華人競爭，亦沒有持有或經營多少本地商舖。就這樣，澳門走進二十世紀。

　　在澳門寄往 1900 年巴黎世界博覽會的產品清單上，幾乎全部都是由華人企業製造的珠寶和小型雕像。1927 年，澳門舉辦首屆工業展覽會，展示當地工業的活力，展品達五百四十項，多數是中式製品。[1] 展會在荷蘭園大馬路、高士德大馬路和望廈的美副將大馬路之間一塊不到二十英畝的空地舉行，該區還有一個小湖，與古雅的觀音堂相對。展出的澳門華人工業製品包括醃魚、皮革、鞋類、絲綢及羊毛紡織品、火柴、爆竹、紙製品、神香和肥皂，此外亦有葡萄牙的紅酒、芝士、香腸、攝影和電影等。工業展覽會有多達六十個展館，包括射擊、輪盤和彩票等有獎遊戲攤位，彷彿預示了澳門在一個世紀後的面貌。這場展會長達一個多月，估算約有高達五萬名外地人到場，反映人們對東亞產品的濃厚興趣，亦為 1929

1　Beatriz Basto da Silva, *Cronologia da História de Macau*, Vol. 4, p. 225.

年在西班牙塞維利亞（Serville）舉行的葡萄牙展覽會打響頭炮。澳門各行各業或許已被香港在國際商業、銀行業和航運業增長的光芒掩蓋，但我們不能單單着眼於此，忽視澳門中葡兩個民族的和諧相處。

1920年，澳門航空運輸有限公司首架水上飛機降落當地。該公司有十二架飛機和十六位美國飛行員，意圖經營來往穗港澳的航班，但是無法取得英國和中國當局批准，不久宣告停運。[2]

到了1920年代中期，澳門外港的建設接近完成，意圖從香港日益增長的經濟中分一杯羹。1927年，澳門建成首座賽馬場，同時準備興建更多住宅，為未來的日子打下基礎。華人不久就主宰了房地產市場。他們充滿商業頭腦，工作勤懇，人口穩步增加，遠超葡萄牙人。1910年，澳門（包括氹仔和路環）華人人口升至74,866人。澳門城區總人口為66,499人，當中約17,120人住在船上，49,379人住在岸上。在岸上居民當中，葡萄牙人佔3,526人。[3] 基層華人以捕魚、造船、製造爆竹或神香維生。而數量少得多的葡萄牙人（包括澳門土生葡人和在歐出生的葡萄牙人）則主要任職於公共部門、軍隊、警隊或商界，亦有從事律師或醫生等專業工作。少

2　Ibid., p. 162.

3　Ibid., p. 68.

數葡人企業家開辦公司，包括殷理基公司（Nolasco）和羅德禮公司（Rodrigues），也有人專門為富裕的華人購買許可證和其他政府准照。

二十世紀出生的葡萄牙人較為懂得欣賞當地葡萄牙人與華人的特殊關係。兩族以「澳門人」這一身份作為紐帶，和平愉快共處。滬港的葡萄牙人社羣都沒有與當地華人建立類似的關係。在澳門市中心繁忙的街道和市場，粵語交談聲此起彼落，但偶爾也會聽到數句葡萄牙語。華人售貨員與葡萄牙人接觸較多，也對他們更加simpatia（親切）。他們時常樂於講數句葡萄牙語，非常了解商店的葡萄牙商品，彬彬有禮取悅顧客，與香港說英語的華人有些不同。他們說外語不是單純出於商業目的，殷勤之餘展露出半分溫情。

澳門居民在 1927 年達到 157,175 人，超過 95% 是華人。[4] 雖然沒有官方的隔離政策，但多數華人都住在澳門半島中部離開岸邊和附近山坡的地方，富裕的歐洲人和少數富有的華人則住在別墅。這些別墅分佈在近市中心的山坡上、俯瞰外港東南邊佈滿岩石的海岸，從南灣一路延伸至半島尖端近媽閣古堡的岸邊。這些別墅是帶有殖民風格的巴洛克建築，內有大陽台和梯台式花園，院內有滿佈藤蔓和鮮花的花崗岩牆壁。在香港成為英國殖民地後，澳門市民的

---

4 Almerindo Lessa, *A História e os Homens da Primeira República Democrática do Oriente*, p. 155.

圖 15　黎登別墅（約 1905 年）

圖 16　前山寨與快樂別墅

生活變得相對平靜。維多利亞時代晚期的一些衣着和生活方式在澳門的特權家庭流行。他們的社交生活多姿多彩，包括精心策劃的社交聚會、歌劇、音樂會，與歐洲音樂家見面和狂歡節盛裝舞會。他們的正式舞會吸引一百多人參加，當中有來自香港的葡裔富人。隨着管弦樂隊的演奏，衣着高尚的紳士與配戴高貴珠寶的妻子翩翩起舞，喝着上等香檳和紅酒，享受緊接的豪華宴會。「澳門總督聖若憲子爵（Visconde de S. Januário）每隔兩周就會在政府大廳舉辦晚會，澳門土生葡人社會的上流人士紛紛來到，忘掉黨派和商業之爭，希望通過社交建立友好關係。」[5] 不過，這個夢幻世界很快告終。在 1929 年至 1939 年，全球經濟大蕭條波及當地。澳門土生葡人精英家庭的一些成員在股市中投機炒賣，最後散盡家財，輸光大宅，沒法再過奢華生活。

繼 1920 年首架水上飛機降落澳門後，當地又有另一次航空業的嘗試，但這次的營運範圍並不包括廣州。1936 年，泛美航空（Pan American Airways）與澳門政府簽訂合同，使用外港的水上着陸點和機庫。翌年該公司定期往返港澳的「中國飛剪號」（China Clipper）首航，可以搭載四人和運輸郵件，航班到太平洋爆發戰爭後結束。[6]

5　Luis Gonzaga Gomes, *Macau Factos e Lendas: Páginas escolhidas* (Lisboa: Quinzena de Macau, 1979), p. 27.

6　Beatriz Basto da Silva, *Cronologia da História de Macau*, Vol. 4, pp. 300-305.

澳門在十九、二十世紀之交變化甚多，受過教育的華人和葡萄牙人比上一代更加關注世界其他文化、居民生活節奏加快，戰後一代的人社交漸趨緊密，華人和葡萄牙人維持共生。土生葡人在澳門的社會和經濟運作繼續扮演低調的角色，但依然面對一些舊有障礙。

　　外表、文化認同和種族差異並非葡萄牙人社羣內部的唯一劃分。他們有一套用來量度階級的標準。生於歐陸的葡萄牙人看似是凌駕本地葡萄牙人的獨立階級，但澳門土生葡人的精英和上流人士是會鄙視這類人，尤其是士兵和中士以下的軍官。正如歷史學者安娜・瑪利亞・阿馬羅（Ana Maria Amaro）所説：

> 很多澳門土生葡人女性樂意嫁給軍階較高的軍人或有良好教育的公務員，就算對方祖先是華人或其他種族的亞洲人也不重要，因為他們社會地位優越。這證明澳門土生葡人的隔離絕非源於種族上的偏見，而是根深蒂固的社會成見。[7]

7　　Ana Maria Amaro, *Filhos da Terra* (Macau: Instituto Cultural de Macau, 1988), p. 99.

除了社會和階級歧視，澳門土生葡人還有較為淺層的種族偏見，但並非像十九世紀作家法蘭薩（Bento da França，又譯弗朗薩）所述的景況。他指責澳門土生葡人：

> 一心想證明自己總是比華人優越，蔑視他們，但澳門土生葡人無可否認有些華人的習慣，亦有點按自己方式生活。
>
> 我們不想暗示那些與我們〔生於歐洲的葡萄牙人〕有更多聯繫的家庭並未學曉一些歐洲生活方式，這並非全然事實。但我們可以毫不猶豫地說，所有人都或多或少討厭接觸那些人，而最低下的〔澳門土生葡人〕幾乎過着華人般的生活。[8]

澳門土生葡人精英非富則貴，不是高官就是專業人士，後者的學位多數是在葡萄牙或其他歐洲國家取得。在二十世紀中葉前，

8　Bento da França, *Macau e Os Seus Habitantes* (Lisbo: Imprensa Nacional, 1897), p.198.

只有少數人到美國留學。一些澳門土生葡人精英獲授或繼承貴族頭銜。精英之下的是中產人士，在本地葡萄牙人口中佔絕大多數，再下層的人則很難得到社會認可。語言和說話方式是決定社會階層的因素之一，這種情況可以追溯到他們上數代的生活。

十九世紀中葉起，愈來愈多人使用學校所教的正規葡萄牙語，澳門土生葡語開始衰落，所有特權階層和中產家庭不久都只說歐陸式葡萄牙語，只有老年人或在表演娛樂性的詩歌或戲曲時會說澳門土生葡語。有時說話方式比財富或地位更易產生階層差異。

葡萄牙人的學校也有等級之分，特權家庭的子女多數就讀於澳門國立利宵中學（Liceu Nacional de Macau）。該校於 1893 年建校，位於市中心水坑尾街盡頭的運動場與聖味基墳場之間。在教育體系中導致等級差別的原因並非法律或歧視，而是葡萄牙人學校（除了教堂營運的孤兒院）很少華人學生，華人學校則幾乎沒有葡萄牙學生。當地葡萄牙人大多會說日常粵語，但幾乎沒有華人會說葡萄牙語。因此，華裔青年很難與葡萄牙社羣交流，土生葡人「澳門之子」與華裔「澳門人」的聯繫通常僅限於商業交易。

澳門人雖然經歷上述變化，但依然生活安定，對太平洋地區即將到來的戰亂沒有作好準備。日本在 1931 年佔領滿洲，翌年轟炸上海，戰爭終於到來。1937 年，中日全面開戰，難民湧入澳門。美

國紅十字會在澳門派發糧食和醫療用品，最遠送到中山，當時該處有約一萬七千人飽受流行病和其他極為惡劣的條件折磨。面對歐洲的戰爭、中日全面對抗和 1940 年德意日《三國同盟條約》的簽訂，全球都意識到世界大戰已經無可避免。澳門也不例外，捲入戰火之中。

第九章

二次大戰時
的土生葡人

英國取得香港後不久就認識到當地防務的重要。隨着克里米亞戰爭的爆發（1853—1856 年）分走了部分當地英軍，加上海盜猖獗，當局在 1854 年招募了一支志願軍，加強防守香港。這支部隊最初有九十九人，以英國人為主，八人是葡萄牙國民。[1]「隨着其他熱衷服役的人士加入，該部隊很快從最初九十九人增加到一百二十七人，其中九十二人是英國人，十六人是葡萄牙人，其餘來自其他歐洲國家。」[2] 該部隊後來被命名為香港義勇軍，並在第二次世界大戰期間易名香港義勇防衛軍，不少成員是已經歸化英國、為英國而戰的葡裔人士。一如上海的萬國商團，香港義勇軍也有葡萄牙連隊。儘管隊旗是英國旗幟，但隊員均被視為葡萄牙人。

　　1941 年 12 月 8 日，周一，飛機低空來襲港島對岸的九龍，打破凌晨的寂靜。虔誠的葡裔天主教徒剛在九龍的教區教堂參加完平日彌撒後步行回家。緊隨飛機轟鳴而來的巨大爆炸聲響令他們目瞪口呆，居民紛紛走到街上，後來知道是日軍轟炸啟德機場。1941 年 12 月 7 日（美國時間），日軍突襲珍珠港，中日戰爭自此成為第二次世界大戰的分戰場，不久日軍就對香港展開攻擊。當時駐港英軍由英國人、加拿大人、印度人和華人等多個國籍的男女組成，來自不同背景。

1　　Phillip Bruce, *Second to None : The Story of the Hong Kong Volunteers* (Oxford; Hong Kong: Oxford University Pres, 1991), pp. 14-22.

2　　Ibid., p. 22.

海陸空三軍的正規男女士兵、香港義勇防衛軍和
香港皇家海軍志願軍後備隊總人數超過一萬二千
人。如果加上香港警察隊、皇家海軍船塢警察
隊、香港船塢防衛隊和志願服役的平民，香港
部隊總人數有近一萬四千人。[3]

在這些部隊的英籍葡萄牙人（包括持有葡萄牙國籍者）與英國
人、印度人和加拿大人一同為香港而戰。這些志願兵與職業士兵的
不同之處在於香港不單是他們要防衛的地方，更是他們的家。布東
尼（Tony Banham）估計，當時來襲的大日本帝國陸軍總兵力約
六萬人，但實際可能只有約七千人參加戰鬥。

葡萄牙第五機槍連駐紮薄扶林的摩星嶺炮台，防禦海岸線，兼
顧從西面進入港島和碼頭的路徑。葡萄牙第六高射炮兵連則駐紮港
口北岸，陣地從太古船塢延伸到中環的汽車渡輪碼頭，其中一個排
在香港仔部署。在港島西灣山第五高射炮台的部隊被日軍擊潰，很
多機槍手投降後被殘殺，遇害者包括里德（Reed）兄弟其中一人和
米格爾·奧佐里奧（Miguel Ozorio）。野戰救傷隊的二十二名葡
萄牙人和香港後備警察隊的其他葡萄牙人積極維持當地治安。葡裔

3　Tony Banham, *Not the Slightest Chance: The Defence of Hong Kong, 1941* (Hong Kong: Hong Kong University Press, 2003), p. 336.

婦女則加入護士輔助隊，前往港島聖保祿醫院、在喇沙書院設立的醫院和九龍塘瑪利諾修院學校的救傷站協助。

香港保衞戰期間，平民普遍驚惶失措。很多感到混亂和極度焦慮的葡萄牙家庭留在九龍，其中一些人搬到其他居所較大的家庭暫住。12 月 13 日，即日軍首次攻擊後第五日，英軍在九龍的防線瓦解，撤至港島。

> ⋯⋯英軍撤退後，留在九龍的我們不得不對抗武裝歹徒搶劫，家裏的女人都知道日軍在中國內地，尤其是南京，對婦女犯下的暴行，膽顫心驚。經歷日軍轟炸和炮擊後，我們這些留在九龍的人如今又要面臨英軍從港島發動的炮擊。[4]

在港島，很多葡萄牙家庭到西洋會所避難。會所一樓成為香港義勇防衞軍葡萄牙第六高射炮兵連的總部，該連由布特豪（Henrique "Darkie" Botelho）上尉指揮。數個家庭在圖書館和再上一層的閱讀室席地而睡。據 Theresa Yvanovich da Luz 回憶，

4　J. Bosco Correa 於 2017 年 8 月 18 日給作者的電郵。

「浴室都位於頂樓的宴會廳，那個地方在日軍炸彈的威脅下實在過於危險。空襲警報響起時，人人都從頂樓連忙走到中間樓層」。[5]

在九龍的抵抗到 12 月 17 日全部停止。[6] 12 月 18 日，日軍在英方拒絕投降後三面進攻港島。就像在新加坡的英軍一樣，香港的部隊完全低估了日軍實力，雖然奮勇戰鬥但難以為繼，就連邱吉爾（Winston Chruchill）的督促也無補於事。再過八日激烈戰鬥，守軍於 1941 年 12 月 25 日聖誕節投降，日軍全面佔領曾被英國人視作堅不可摧的香港。[7]

二十六名葡萄牙男子在香港保衛戰犧牲，包括里德家族的四兄弟，分別是方濟各（Francis, 二十八歲）、亞瑟（Arthur, 三十三歲）、史提芬（Stephen, 三十二歲）和艾德嘉（Edgar, 三十八歲）。另外數人死於深水埗集中營和日本的仙台營。1943 年 7 月 1 日，香港義勇防衞軍二等兵 Manuel G. Prata 與香港皇家海軍志願軍後備隊上尉 Joseph R. Haddock 在亞皆老街集中營被日本憲兵逮捕，罪名是參與英軍服務團在該營的反抗組織。[8] 1943 年 9 月 14 日，

5　作者於 2009 年 10 月 26 日在美國加州利佛摩與 Theresa Yvanovich da Luz 的訪談。

6　Oliver Lindsay, *The Lasting Honour: The Fall of Hong Kong, 1941* (London: Hamilton, 1978), pp. 66-82.

7　Alan Birch and Martin Cole, *Captive Christmas: The Battle of Hong Kong, December1941* (Hong Kong: Heinemann Asia, 1979), pp. 95-171.

8　Tony Banham, *We Shall Suffer There : Hong Kong's Defenders Imprisoned, 1942-1945* (Hong Kong: Hong Kong University Press, 2009), p. 136.

Manuel Prata 在逼供期間死亡。他被列入英軍服務團的陣亡戰士名冊，該名冊共有九十六人，大多是酷刑致死。[9]

日軍沒有發動進攻奪取上海，他們早已在此。

> 太平洋戰爭在 1941 年 12 月 8 日爆發，據有上海華界的日軍馬上佔據公共租界，未發一槍。1942 年初，當時依然存在的工部局下令解散萬國商團，武器和裝備由日方接收。與在港的我們不同，我在上海的父親、外祖父母和柯理華（Correas）一家等葡萄牙公民並無受到任何攻擊，更加因為是中立國公民而未受拘留。滬港兩地相同的是，日方向所有中立國公民簽發「第三國身份證」。恐怖的憲兵隊稱他們為「友善的敵人」。[10]

超過五萬四千日本人本來就在上海居住，是當地第二大外國人羣體。上海葡裔人士由於他們「第三國公民」的身份避過了戰爭的苦難，享受中立國國民的待遇，免受監禁。與加入了香港義勇軍的

---

9   Edwin Ride, *BAAG: Hong Kong Resistance 1942-1945* (Hong Kong: Oxford University Press, 1981)，p. 331.

10   J. Bosco Correa 於 2017 年 8 月 18 日給作者的電郵。

英籍同胞不同，他們並未遭到日本人騷擾，憑葡萄牙身份證件即可通行無阻。不過，由於美籍、英籍和其他歐籍的僱主都被監禁，企業紛紛關門，多數任職文員的葡萄牙人因而失業。儘管少數人在日方機構謀得差事，但食物短缺、物格飆升和失業帶來的悲傷和焦慮還是無處不在。少數葡萄牙人陷入困境。這個一無所有的羣體約有八十到一百人，有些人是因為健康原因無法找到工作，而且沒有儲蓄或資產，此外也有無依無靠的婦幼，他們的丈夫及父親不是已經去世就是在中國境外。教會、葡萄牙領事館和其他有能力人士盡力幫助當地的葡人社羣，但這些努力可謂杯水車薪。由於距離和缺乏交通工具，他們無法像香港的葡裔人士般逃到澳門，只能苦等戰事結束。

香港義勇防衞軍尚存的葡萄牙人被囚禁在深水埗和赤柱等地的集中營，部分人後來被運到日本為奴。在戰俘總人數和當中被運往日本的人數上，不同文獻的記錄各有不同，但差異只是兩到三人。對於研究者和歷史學者而言，真正困擾的是不同來源的名單列表對於戰俘國籍的記錄。在 Ron Bridge 整理的深水埗戰俘名單上，[11] 葡萄牙人在「國籍」一欄至少分屬四類（葡萄牙人、香港葡萄牙人、英籍歐亞人和英國人），有一名葡萄牙人甚至被認定為俄羅斯人。

---

11   Ron Bridge, *Hong Kong Detachment POWs at Shamshuipo Camp* (Tab-delimited file).

俾利喇（Pereira）家族的三名兄弟在父親姓名和地址相同的情況下，被列入三個不同國籍（香港葡萄牙人、葡萄牙人和英國人），令人困擾。這些或許是他們入伍時填報的國籍，但他們都是葡萄牙人的後代。

二戰期間，英籍葡萄牙人無論是在英國國旗下捐軀，抑或是被日軍俘虜，總被視作葡萄牙人。一名在深水埗集中營的加拿大戰俘還特地向他的葡萄牙獄友寫信致敬，後者是英國部隊的香港義勇防衛軍成員。

1942 年 4 月，日本人將深水埗集中營的多數軍官戰俘轉移到九龍的亞皆老街集中營。五個月後，即當年 9 月，首批選定到日本為奴的戰俘離港。一共有五到六批戰俘被運往日本充當奴隸，其中第二批不幸登上後來被美國海軍擊沉的里斯本丸（Lisbon Maru），約八百五十名英籍戰俘喪生。有六十八名葡萄牙戰俘則被運往日本東北仙台的煤礦。

除了參加香港義勇防衛軍的人士，其他持有英國證件的葡裔男女和兒童在淪陷後也要避開日方拘捕。日佔時期留港主管葡萄牙領事館的 Francisco P. de V. Soares 設法幫助葡裔人士逃到澳門，義舉值得銘記。在他主事期間，數百名居港的英籍葡裔人士在領事館

登記成為葡萄牙國民。此舉違反葡萄牙法律，但約六百人因此作為難民撤到澳門，避免成為集中營俘虜。[12]

　　未被囚禁的香港葡裔人士和淪陷時沒有留港的家庭慶幸葡萄牙並未參戰，更難得的是澳門這個葡萄牙領土就在四十英里外的珠江口對面。在香港，約一千名葡萄牙人到一個木製碼頭排隊等候兩艘小渡船，每人最多只可攜帶兩個行李箱。當第一艘渡船抵達時，他們都像放牧的牛羣般湧到船上，等候越過珠江到達避風港。澳門總督戴思樂（Gabriel Teixeira）在 1942 年初向香港葡裔難民張開雙臂，收容他們到澳門並不寬敞的避難所。戰爭將許多葡萄牙家庭帶回祖先的家鄉。在香港日佔時期，澳門相對的和平寧靜讓本地人難以想像對岸同胞的悲慘經歷。得到澳葡政府伸出援手的難民生活依然窘迫，但至少基本安全。

　　　　可恨而恐怖的戰爭讓澳門兒女實現了澳門土生
　　　　葡人史上最後一次重逢。從歷史角度來看，二
　　　　戰的痛苦和巨大生命財產的損失，使得他們在
　　　　將來更有準備地面對離鄉別井的漂泊歲月。當
　　　　中大部分人很快就會四散各地，被帶到只曾耳

12　Jorge Forjaz, *Famílias Macaenses*, Vol. 3, (Macau: Fundação Oriente, Macau, 1996), p. 829.

聞、不曾目見的世界。他們必須先忍受飢餓與
孤獨的考驗，不少人無法堅持到底，但大部分
人倖存下來。勢單力薄的葡萄牙始終為其後裔
竭盡所能，值得銘記。[13]

澳門在二戰前人口不多。隨着日軍在 1937 年和 1938 年分別侵
佔上海和廣州，「到 1941 年 12 月，澳門人口增加至十五萬。香港
葡裔難民大規模湧入後，這個數字到 1942 年 3 月已經增至四十五
萬，最終達到近五十萬人」[14]。他們包括從中國內地毗鄰地區逃出
的華人，以及來自上海、廣州和其他中國地方的葡萄牙後裔。

澳門政府為所有弱勢人士慷慨解囊，提供食宿，葡萄牙政府則
為葡裔難民提供每月三十澳門元補助金。

我們幾乎放棄一切逃離香港，我和丈夫身上各
自只剩一百港元。抵澳後，我們發現港元在當
地商戶貶值了百分之九十，二百港元只能換到
二十澳門元。食品價格飆升五倍。豬肉甚為稀

13　Antonio M. Jorge da Silva, *Lusitano Bulletin, San Francisco,* Vol. II, No.2 (June 15, 1993)，包括與 Nidia Silva, Edriz d'Aquino de Carvalho 和 Dr. Danilo Barreiros 的訪談。

14　Beatriz Basto da Silva, *Cronologia da História de Macau,* Vol. 4, p. 323.

跨越文化與時空的葡亞人：澳門葡裔的演化

缺，兩磅索價超過二百澳門元，一對膠底鞋要
三十五澳門元，超過了一個月的政府補助金。
面對食物短缺與離譜的漲價，我們不得不改變
飲食習慣，並從華人身上學會用大米、蔬菜和
（有供應時）少量肉類煮飯。我們還會盡力調
製一些肉汁，幫助自己生存下來。[15]

在澳門，如果難民有丈夫或兒子囚禁在香港的集中營，可以從
時任英國駐澳門領事瑞維斯（John Pownall Reeves）處獲得英國
政府的補助金。[16] 瑞維斯竭力幫助英籍葡裔難民，除了給他們發放
微乎其微的補貼外，還聘用了很多年輕人為武裝護衛。

有些人藉葡萄牙公民權逃到澳門避難，達到目的後卻避免與接
收他們的葡萄牙人接觸，葡萄牙人對此有些反感。廖亞利孖打（Leo
d'Almada e Castro, K.C.）戰後在香港西洋會所的演講中暗暗諷刺：

在日佔時期的香港，葡萄牙這個名稱真是前所
未有般吃香，這實在異常吊詭，卻又千真萬確。

---

15   Antonio M. Jorge da Silva, "Refugiados da Segunda Guerra", *Lusitano Bulletin*,
      Vol. 2, bk. 2, 1993.

16   Antonio M. Jorge da Silva, *The Portuguese Community in Hong Kong*, Vol. 2,
      p. 33.

很多只是吃過數條葡產太平洋沙甸魚的人聲稱
有葡萄牙血統，竭力獲得葡萄牙身份證。一些
擁有葡萄牙血統但之前不願提及的人公開佩戴
有葡萄牙標誌的臂章。他們都想到澳門避難，
因為當地是戰爭期間中國海岸唯一始終懸掛米
字旗的地方。現在戰爭結束，這些偽葡萄牙人
又成功抹除了一切與葡萄牙的聯繫，而其他人
則回復過去的偽裝，重新塗上假冒的顏色。[17]

　　澳門居民雖然同情難民的困境，但當地人也有憂慮，儘管有
些問題未必是單單針對香港葡裔人士。早在二戰之前，港澳的葡萄
牙人就對彼此有持久而微妙的敵意，這或許源於一些放棄葡籍而歸
化英國的香港葡裔人士的優越感。有意見認為，這種行徑被澳門的
葡萄牙人視為一種鄙視。這不是說英國人比葡萄牙人高等，而是香
港有更高薪酬的工作，當地年輕人有更為寬廣的社會空間和自由。
香港葡裔人士因此認為澳門是古舊而單調的地方，自認比當地同胞
更為優越。這種自我優越感類似本尼迪克特・安德森提出的「我
們 — 他們」等級態度，儘管這種態度的普世意義稍低。由此而生
的潛在不滿情緒，影響了澳門葡裔人士與香港葡裔難民的關係。很

17　Leo d'Almada e Castro, "Some Notes on the Portuguese in Hong Kong" 在戰後在
　　香港西洋會所的演講，由澳門政府官印局於 1949 年印行。

少香港葡裔難民會説葡萄牙語，但很多澳門居民都能説一定程度的英語，這種差距始終存在，但他們在這種困難時刻選擇忍讓。

很快有人在祈禱場所入口張貼衣着規定，禁止穿着在香港容許的短裙和無袖連身裙，要求女士彌撒時必須戴上面紗，針對態度不太嚴謹的香港葡裔難民。不過，身無分文的難民根本無力購置符合風俗的服裝，很多人對這些要求甚為反感。儘管不少澳門家庭與香港葡裔難民建立起友誼，但細看之下還是有明顯分歧。

一些人由於害怕財產遭侵略者破壞或掠奪而留在香港，而且到集中營打聽親人的消息。除了參加香港義勇軍的人士，香港葡裔人士亦如上海的同胞一樣，被視為中立的「第三國公民」，憑通行證可自由行走，但他們在香港無法謀生，而且資產要不是被凍結，就是只可換成沒有價值的日本軍票，即使是中立國國民也無法避開日本憲兵隊的魔爪。憲兵隊在 1943 年開始逮捕葡萄牙居民協會的成員和滙豐銀行的高級職員，指控他們與英國情報部門（英軍服務團）密謀，押到赤柱監獄嚴刑逼供，但葡萄牙居民協會其實是在日軍佔領後數個月才成立，主要功能是輔助日方向葡裔社羣提供麪包、大米和糖。同一時間，滙豐銀行的葡裔高級職員也被拘捕。日方指控這些平民為英國情報部門工作，殘害他們，兩人更被斬首。

雖然葡萄牙人曾受殖民者僱主貶低和壓制，但他們始終保持忠誠，願意擔起額外任務。在日佔時期，Philippe "Pito" Yvanovich 多次從香港到澳門安排他十多歲的子女到當地避難。Pito 在澳期間，英國駐澳門領事往往會請他帶一些款項給因禁在赤柱監獄的英國平民。Pito 曾將一筆錢帶給他上司的遺孀，當時她因病住在法國醫院。Pito 將錢交給這位女士，她反過來請他將一些包裹帶給她在深水埗集中營關押的兒子。Pito 之所以冒險將錢帶到香港，是因為他感念在香港保衛戰中喪生的上司，但沒有想到自己的舉動和兒子 Bill 與葡萄牙人居民協會的聯繫令日方注意到他，對他產生懷疑。[18]

　　日方收買的華人告密者 George Wong 後來揭發父子二人。Pito 和他當時十八歲的兒子 Guilherme António（又名 Bill 或 Avichi）受盡酷刑。父親的頭骨破裂並最終被折磨致死，Bill 則被逼瘋。Bill 最終康復，但他的父親 Pito 則沒有。Pito 的另一個兒子 Philippe（與父親同名）將自己在九龍深水埗集中營的經歷寫成回憶錄，描述他的父親和兄弟被捕和遭受酷刑的情況：

　　　　Bill 獲釋前受了兩周酷刑折磨，包括用鐵絲綁
　　　　住手腕〔和腳踝〕（傷口見骨），以及用燒紅的

18　作者於 2009 年 10 月 26 日在美國加州利佛摩（Livermore）與 Theresa Yvanovich da Luz 的訪談。

烙鐵灼背。〔獲釋後〕Bill 由 Wilfred Lawrence
背着回到家裏，後者也曾被捕，但受刑較輕。
當時 Bill 背上的三角形傷痕非常明顯，有些皮
膚腐爛剝落。[19]

日本投降後，George Wong 落網並被控以叛國罪，最終
三十六項叛變罪行成立，在 1946 年 7 月 10 日早上於赤柱監獄受絞
刑而死。

澳門儘管沒有受日軍襲擊或佔領，但還是被戰爭和悲劇所籠
罩，近乎癱瘓，飢餓問題尤其嚴重。歐洲人的情況尚算較好，至少
沒有像很多華人般餓死。難民中心的人缺乏活動打發時間，開始互
相拜訪。青年人也走到街上，在最南到最北（關閘）只有四公里的
澳門半島走動。[20] 在四十英里以外，許多難民的兒子、父親和丈夫
還囚在集中營中，他們只能追憶過去，思念近在咫尺又遠在天涯的
家人。戰火不時波及澳門，帶來片刻騷動，例如美國海軍上將哈爾
西（Admiral Halsey）麾下「38 特遣艦隊」（Taskforce 38）的飛
機在澳門投下三枚炸彈，摧毀了外港的油庫和海事博物館所在的機
庫。隨着太平洋戰爭在 1945 年 8 月結束，香港的囚犯不久獲釋，

19   Philippe Yvanovich, *My Wartime Experience, December 1941- December 1945*
      (Corporal 3625) (Self-published, Australia, 2009), pp. 56-57.
20   澳門地圖繪製暨地籍局。

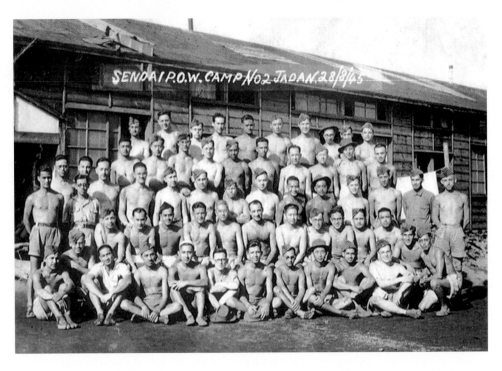

圖 17　葡萄牙戰俘於日本仙台俘虜收容所第二分所（1945 年）

在日本仙台煤礦勞動近兩年半的葡萄牙苦工也在 1945 年 8 月 30 日
離開集中營。

葡萄牙人為了保衛香港而戰，有些與英國人一同陣亡，有些
則在集中營與英國人共度黑暗歲月，用幽默感和音樂為獄友帶來一
絲寬慰和精神支持，但香港的英國人始終覺得澳門土生葡人低人一
等。Eduardo "Eddie" Gosano 醫生和很多其他人都受過這種歧視。
布東尼的敍述讓我們一窺戰前和戰時香港的澳門土生葡人和歐亞人
社羣遭遇的不平等。

> Gosano 是非常出色的醫生，資歷足以讓他在
> 逃到澳門後立刻獲任命為英軍服務團的澳門代
> 表，但他的薪酬在英國人的眼中只算「初階」。
> 舉例而言：身為一名合資格的「華裔」外科醫
> 生，Gosano 的工資只有愛爾蘭麻醉師 Esmonde
> 醫生的四分之一。Esmonde 醫生有資格在歐洲
> 人的社區擁有一間五房單位，Gosano 則只能在
> 華人區獲得一間四房單位。與很多其他對這裏
> 不存幻想的人一樣，他戰後選擇移居海外，目
> 的地是美國。[21]

21　Tony Banham, *Not the Slightest Chance*, p. 393.

香港義勇防衞軍的葡裔戰俘囚禁於深水埗和日本仙台時，英國政府曾向他們在澳門避難的家屬發放補貼，但當局在戰後竟然要求他們交還補貼。有人在 1950 年向香港政府陳情，提出議案：「本局不認同政府因為要求日佔時期在澳門避難的香港居民償還避難期間獲得的貸款所採取的行動，認為政府理應將這些債務免除。」[22] 議案被駁回後，發起人又將之提交香港立法局，但數十年後才獲通過。港府直至 1977 年才向曾為戰俘的葡萄牙人提供免費醫療。

22　香港立法局會議紀錄（15）。

第 十 章

一九四九年後
的澳門

隨着戰爭結束和葡裔難民回家，澳門終於得到喘息的機會。主教座堂在戰後舉行了一台特別彌撒，「感謝天主護佑澳門和收容受〔戰爭〕迫害的眾多兄弟姐妹」。[1]

曾到澳門避難的香港葡裔難民努力恢復正常生活。戰後香港一片頹垣敗瓦，但英國人和其他歐洲人的公司都重新開業。在上海，進佔的美軍帶來不少就業機會。兩地葡萄牙人的生活都有所改善，很快恢復正常。他們經歷戰爭、監禁、飢餓和近四年難民生涯後再次離開澳門，以二等公民的身份回到帝國殖民主義的世界。不過他們這時至少擁有工作，生活回復穩定，不再擔驚受怕。

澳門的過度擁擠此時終於得到紓緩。從 1927 年到 1937 年中日戰爭全面爆發期間，當地人口從十五萬八千上升超過兩倍。「隨着 1937 年起上海和廣州兩地的難民湧入，戰爭開始數個月後（1942 年 2 月和 3 月），澳門人口已經升至四十五萬人，其後更飆升至五十萬人」，[2] 戰後不久便回復到接近 1927 年的水平。

> 隨着難民返港，澳門葡裔人口恢復正常。根據官方統計，1950 年澳門居民總數為 187,772 人，包括 183,105 名華人、4,066 名葡萄牙人、122

1　Beatriz Basto da Silva, *Cronologia da História de Macau*, Vol. 4, p. 332.
2　Ibid., p. 323.

跨越文化與時空的葡亞人：澳門葡裔的演化

148

名印度人、82 名意大利人、75 名英國人、43 名
德國人和 43 名菲律賓人。[3]

隨着難民遷離與香港急速的復元和現代化，澳門亦開始改變。
就在看似事事順遂之際，解放軍在 1949 年佔領上海，其後驅逐包
括葡萄牙人在內的外國人，難民再次湧入澳門，但人數遠低於十年
前的一波。澳門再次向他們敞開懷抱，提供糧食和居所。

當局將這些上海葡裔難民安置在熱鬧一時的逸園賽狗場。該處
在蓮峰廟對面，靠近望廈炮台，距離北邊的關閘僅半英里。香港日
佔時期建立的難民營收容了約二千名難民，當局其後增建兩個難民
營。他們在那裏留到 1950 年代末，部分人甚至留得更久。除了駐
紮在加思欄兵營、擔任警察或士兵的年輕難民外，街上很少有這些
難民的身影。

華人多數聚居關閘、內港東邊的街道和新馬路之間的區域。中
方在 1573 年修建關閘，不僅是為了阻隔葡萄牙人進入中國內地，
而且希望控制華人進入澳門及其向外國人賣貨的情況。由於半島本
身完全無法應付當地所需的糧食，澳門一度完全依賴中國內地的蔬

3　　Beatriz Basto da Silva, *Cronologia da História de Macau*, Vol. 5, p.17.

第十章 • 一九四九年後的澳門

149

圖 18 關閘 (約 1950 年代)

菜、肉類和奶品。但自二十世紀的開端，人口日增的澳門可從香港進口全數所需產品，但是仍然保留經關閘的運輸路線。到了 1950 年代末，水庫與外港以南的羅理基博士大馬路之間仍有兩三個小型農場，但很快就被住宅取代。過去由於邊境管制寬鬆，葡萄牙人偶爾可以越界打獵，但這種機會在中共接管中國內地後完全消失。到了 1950 年代，只有華人單向越境進入澳門。南灣街、加思欄炮台和海邊一帶的新填海區在 1950 年代依然靜寂，誰會想到澳門首間現代化賭場酒店將會在此拔地而起，以現代化先行者的姿態，見證城市的黃金歲月？事實證明，小小的澳門不會浪費任何土地。在這些填海地上，富有創業精神的華人在夏季的晚上擺檔。這裏的遊戲攤位、市集和大排檔燈火通明，居民紛紛駐足。人們在展位旁邊的沙質黏土街道上漫步，參加有獎遊戲、購買香皂和家用小品、享用街頭美食，盛景持續數年。每逢農曆新年，人們都會在近郵局的一段新馬路用竹搭起高大的牌樓。一如相片所示，這片一度空曠的土地在 1960 年代中迎來了新建設，包括一棟樓高七層的住宅大廈。

到了 1960 年代，濠璟酒店對面的新填海地有咖啡館等小型建築湧現。酒店對面的沙利文是一間小型咖啡館，不少葡萄牙人在此享用早晨咖啡和午膳。大西洋銀行附近有一間設有小露台、明顯是澳洲人開的酒吧，名為 Waltzing Matilda，店內有不少「觀察者」

和喜好傍晚享用蘇格蘭威士忌和梳打水的客人。無論早午，從露台都會聽到有人向路過的女士以 bom dia（早安）或 boa tarde（午安）問好，她們的丈夫通常會脫帽回禮，可謂充滿葡韻的文明景象。

澳門的葡萄牙餐館為世世代代的土生葡人家庭烹調中菜和其他東方美食，現在開始也有華人光顧。澳門的面貌也在變化，出現了更高的建築物、新的酒店和一座富麗堂皇的賭場，海上則有水翼船取代緩慢的渡輪，但最重要的轉變還是來自新的中國。

澳門走出飢餓和人滿為患的困境後，葡華兩族「澳門人」的生活方式開始改變，社會漸趨融和。雙方的小童和成人的交往更加自由，聯繫日趨緊密。抗拒通婚的態度逐漸淡化，開始有華人男性迎娶土生葡人女性，這在 1950 年代前還是甚為少見。在路上，腳踏人力車取代了手拉人力車，的士數量緩緩增長，但由於城市規劃有欠周詳，澳門不少新的高層建築無序分散，遮蔽了不少昔日美景。到 1960 年代初，很多華人的漁船已經裝有發動機，但仍然掛着獨特的棕色帆，穿梭於附近的港口和島嶼。在大街小巷，天主教堂與中式廟宇比肩而立，信徒追求各自的信仰。葡萄牙國旗依舊在很多政府機關和公共建築飄揚。雖然當地很多葡人從未踏足葡萄牙，但他們仍然對世界另一邊的「祖國」效忠並為之自豪。與此同時，很多葡萄牙的精英家庭遷往葡萄牙和巴西，揭開澳門土生葡人全球遷

圖 19　澳門的賭場地盤

徙的序幕。不少年輕男女赴港謀生，後來更輾轉散居全球各地。

澳門的轉型始於 1960 年代中期，當地現代化的步伐隨着首座大規模賭場落成、後來的騷亂和 1984 起有關澳門移交的會談不斷加速，同步的還有早已開始的房地產投資熱潮。泰興公司自 1937年起持有的賭博專營權在 1961 年到期。接手賭牌的澳門旅遊娛樂股份有限公司銳意興建東南亞首座「現代」賭場，喚醒「沉睡的澳門」。建築由香港的甘洛建築師事務所有限公司設計，1966 年初動工，工程在南灣街盡頭到銅馬像前的大片填海地上展開。

與此同時，中國內地爆發文化大革命，澳門也受影響。1966 年中，中國各地男女青年聯羣結隊參與北京的大型紅衞兵集會。同年12 月 3 日，在各種不幸原因交疊之下，澳門爆發了「一二‧三事件」，警察因為阻止一所毛派學校未經許可的建設，惹起澳門的中共同情者抗議。受毛澤東文革思想的影響和紅衞兵運動的感召，澳門的中共同情者揮動毛語錄，憤怒地衝進總督府，繼而衝擊市政廳，並且摧毀澳門葡人的關閘事件英雄美士基打的銅像，令葡萄牙人怒上心頭。[4] 當局其後宣佈全城戒嚴，其間數名華人遇害。

經過這場騷亂和相關暴力事件，葡華兩族居民的友好幾乎殆盡。葡萄牙社羣首次對他們數百年來和平共處的鄰居感到憤恨，而華人居民，尤其是長者，面對這些暴力事件時也感到痛苦。就像數

4　C. A. Montalto de Jesus, *Historic Macao*, pp. 343-345.

圖 20　議事亭前地（約 1950 年代）

世紀以來葡萄牙人與華人的談判，這場危機最終以賠償解決。雖然此時城市忐忑不安，但投資者已經為澳門的增長和潛力押下重注。種子早已播下，發展時機已經成熟。

葡京酒店在 1970 年開幕，為澳門的發展奠定基礎。城市也急速變化，高樓大廈林立，街上行人和車輛愈來愈多，緊迫的感覺也隨之而來。市中心購物區過去雖然交通擠擁，但尚算通暢，現在卻時有堵塞。諸如香港的 DFS 等大型零售商和多間服飾店在澳設立分店。賭博業和商業的發展也吸引了不少人從葡萄牙本土來到澳門。這些發展帶來精緻的餐廳和其他設施，亦為本地人創造了更多就業機會，推動澳門邁向現代化。

澳門在 1970 年的出口收入較 1965 年上升一倍，遊客同期增至十五萬人次。[5] 路氹連貫公路在 1969 年建成，連接氹仔與澳門半島的澳氹大橋則在 1974 年完工，自此可以從城區駕車前往路環。1979 年底，中國內地開放澳門居民旅遊，他們可乘巴士經關閘到附近的珠海和中山，亦可參加廣州、香港三日遊。1987 年起，市民和遊客可選乘水翼艇、噴射船或渡船來往港澳，前兩者需時約一小時，後者則約兩個半小時。除賭博項目外，澳門在 1980 年代中期已有

---

5   Beatriz Basto da Silva, *Cronologia da História de Macau*, Vol. 5, p. 100.

各式各樣娛樂節目，包括逸園賽狗，氹仔賽，外港回力球和 1954
年起舉辦、享譽國際的格蘭披治大賽車，一躍成為東南亞首屈一指
的旅遊之都……而且一切方興未艾。

　　來到二十世紀下半葉，澳門終於要面對中國土地上的葡萄牙主
權解體。飄揚數個世紀的葡萄牙國旗即將降下，在土生葡人心中，
澳門的「葡萄牙屬性」亦將消失。隨着香港問題的談判在 1984 年
完成，澳門的交接亦被提上日程。港澳的葡萄牙居民知道，他們很
快就會失去現有的生活方式。他們一度深愛的澳門在各項拆卸和興
建工程後已經失色不少，無可挽回。澳門作為葡萄牙在中國邊緣的
土地的歷史即將結束。隨着移交日子逼近，澳門土生葡人開始有失
去家園的感覺，憑藉土生葡語詩歌寄意，嘆息那必將來到的一刹。

Macau, vivestes sempre longe da sua mãe.
Macau, és a menor da sua família.
És tranquila, e bonita, símbolo da paz, e da beleza.
Macau, terra minha.[6]

6　　曲詞由 The Thunders（尤其是 Rigoberto Rosário Jr.）1970 年在澳門創作。

澳門，在母親的遠方已久
澳門，在家庭的最小一員
安靜且端莊，您是和平與美麗的象徵
澳門，我的出生之地

1999 年 12 月，在煙花與淚水之間，葡萄牙將澳門移交中國，這座城市從此成為中國的澳門特別行政區。

四百五十年前葡萄牙人遠涉重洋定居澳門，後來一部分葡萄牙人遷居鄰近的香港，有些北上到上海。隨着澳門的回歸，這羣歐洲移民的後裔再次遠涉重洋，移居世界各地，結束近五個世紀在中國的生活。雖然各散東西，他們的「中國屬性」依然存在。無論到了天涯海角，他們依舊流利地講廣東話，依舊發揮從華人身上學到的談判智慧。更重要的是，他們不會忘記在中國多年生活所積累的人生哲理和高尚情操。

圖 21　從澳門大炮台望出（1988 年）

第十一章

土生葡人的環球遷徙

早在 1841 年至 1842 年間，澳門土生葡人就在無意之中開始了長達百多年的全球遷徙。鴉片戰爭後，不少人為了追尋更好的機會，首次舉家離澳，跟隨英籍和其他歐籍僱主遷至香港和上海等通商口岸。這次遷移難以稱得上是遠離家園，但對自居留地建立後即留在澳門兩個半世紀的葡裔社羣來說，還是意義重大。香港在日佔時期有大批難民湧入澳門，但他們只是為了躲避戰亂，並非真正遷徙。一個世紀前，香港葡裔難民的祖先被英國人帶離澳門這個封閉的環境，找到新的謀生方法和棲身之所，闖出新天。他們在新的環境集結起來，建立社交和友誼，但由於他們的生計和安全極為依賴殖民者僱主的供給，因此他們在面對諸多限制時往往忍氣吞聲、接受現實。Jim Silva 形容這種委曲求全乃至麻木的狀態為「自發而毫不猶豫地在一種表面看來自然且永恆的體系工作」。[1] 很多人後來遷到中國內地時還有這種依賴和屈從，這在日常生活中清晰可見。考慮到對穩定就業的依賴和對社羣的歸屬感，澳門土生葡人在經歷數次重大危機後才下定決心離開中國。他們的全球遷徙有多種原因，包括收音機的普及、美國電影的傳播、戰後有能力送子女到海外升學、對海外機會的認識和中國急劇變化的政治局勢。

　　二戰結束和難民離開後，澳門很多年輕男女赴港謀生，可謂澳門土生葡人開始全球遷徙的第一步。他們的移居與過去的有相似甚

<hr />

1　　Frederic A. Silva, *"Jim": Things I Remember* (Self-published, San Francisco, 1999), pp. 12-13.

之處，但背後的大環境卻截然不同。在香港，來自澳門的葡裔青年男女最初只是分散的探路者，獲曾經在澳門避難的同胞協助，部分人開始在滙豐銀行找到文員職位，更多人則進入重開的商業機構，但這番光景僅能維持一時，未來仍然充滿未知之數。

澳門很多家庭早在 1946 年底便到海外尋找更好的生活。不少人對國共內戰的混亂感到不安，擔心戰爭結果。由於他們的生活、就業和學習主要用葡萄牙語，葡語國家自然成為移民首選。這些家庭多數移居葡萄牙，亦有些人選擇巴西。出於工作原因，一些英語較好的年輕人移居香港，但他們的離開只是時間問題。當然，有些人決意留在澳門，像數個世紀以來歷盡經濟變遷的祖先般如常生活。部分人認為，他們的親友前往葡萄牙等地只是出於偶然。移居外地的人則發現，他們面對的是從前想像不到的世界，需要從頭適應。

國共內戰結束後，中共的勝利造成了一波又一波的難民潮。從中國內地逃到香港的人潮導致房屋短缺，很多人在寮屋區生活，用瓦楞金屬板和膠板等就地取得的材料遮風擋雨，一貧如洗。澳門也有房屋短缺的問題，只是不及香港嚴重。與此同時，舊澳門的特色將要改變。在拆卸一些舊屋和豪宅時，幾乎沒有人考慮新的建築將會如何影響城市的整體特徵。各類建築物和城市街區的距離可謂雜

亂無章。部分地標被高大的建築物掩蓋。儘管整個過程長達數十年，但這些變化無可阻擋。英國和葡萄牙的殖民主義時代即將結束。在葡萄牙人離開澳門之際，華人爭相湧入。在關閘和新界以北，中國已經開展了以現代化為目標的內部奮鬥。

> 在 1947 年至 1949 年間，中華民國迅速而全面地崩潰。伴隨軍事失敗的是震撼的經濟和金融下瀉，通貨膨脹變成超級通貨膨脹。最過分時貨幣在一日內貶值近半⋯⋯

> 日本佔領結束至中共建政大約相距四年。在上海，有些人在日軍投降不久前往香港，隨後遷往世界各地。有很多人留下來，但很快就要永別心愛的城市。[2]

　　1949 年上海解放後，當地的歐洲公司再次關門，約一千名葡萄牙人頓時失業，淪為難民，逃往港澳。他們在飽受二戰的苦難並再次失業後永別上海。到 1950 年代中期，在中國新政府的壓力下，尚存的上海葡裔人士也被迫留下財產離開。澳門再次被難民淹沒，

2　Antonio M. Jorge da Silva, *The Portuguese Community in Shanghai: A Pictorial History* (Macau: Instituto Internacional de Macau, 2012) , p. 98.

一些人則在香港找到臨時避難所。澳葡政府接收了兩千多名上海葡裔難民，在 1949 年至 1950 年代中期將他們安置在三個難民營，有些人滯留至 1960 年代後期。他們失去了以往的生活，多數人都在等待，少數人有機會到其他地方重新開始。他們但求遠離動盪，任何地方也沒所謂。昔日衣食無憂的男女現在失去職業、自尊和尊嚴，生活幾近貧困，只能苦等離開的機會。他們最終在天主教福利會的協助下移居美國、巴西、加拿大或澳洲等國，少數人甚至到了瑞典。

> 主教讓我在難民營工作一年，希望我有多些歷
> 練。那裏的人非常友好。我很喜歡這份工作。
> 我作為臨時教堂的神父舉行首祭。後來，我成
> 為了天主教福利會的代表，該會有來自美國的
> 資助，遠東基地設於香港。藉着 1953 年《難民
> 救援法》及其在六十年代的修訂案，並在美國
> 駐港領事館、美國的贊助人和天主教福利會等
> 協助下，我們安排了很多人移居美國。[3]

國共衝突波及上海的葡裔社羣，令遠在香港的人間接感受到戰爭的影響，連最遲鈍的人也感受到他們在亞洲的生活或會再受干擾。

3　作者於 2010 年 12 月 1 日在澳門與 Lancelote Rodrigues 神父的訪談。

在華葡萄牙人的全球遷徙迫在眉睫。1956 年，香港爆發雙十九龍暴動，令葡萄牙社羣驚惶失措，意識到了未來充滿變數。1956 年 10 月 10 日，即辛亥革命四十五周年，很多香港的國民黨支持者升起青天白日滿地紅旗，但一位安置區官員下令拆除所有旗幟，結果引發羣眾抗議，並且很快演變為全面騷亂。國民黨支持者掠奪和襲擊中共同情者的商店和財產，警察防暴隊和英軍全面出動應對事件。一些商人在港九街頭售賣小型青天白日滿地紅旗，襲擊不願購買的人，引發多場小型衝突，其中最可怕的是暴動者點燃了瑞士領事妻子所乘的的士，令她活活燒死。這是二戰後首起嚴重暴力事件，暴動者和警察均有傷亡，親歷事件的人至今依然難忘當時的苦難。

香港葡裔人士視這次暴亂為首次警告。雖然新中國成立並未影響港澳的和平，但他們對上海同胞的遭遇記憶猶新，認為暴動後的情勢難以預計，決定離開世代居住的中國沿岸城市。

葡萄牙家庭離開中國的動機與日俱增。大多數人雖然沒有留下的理由，但也沒有可以返回的祖國，只能看似不慌不忙地等待。他們「沒有留下來的理由」，是因為他們和後代的機會嚴重依賴港英殖民體系的規則和取向，但該體系已在緩緩變化；[4] 與此同時，航空運輸的普及和機票減價令離開成為可行的新選擇。他們儘管在華生活了數個世紀，但終究不是華人，無法完全融入中國社羣。對英

4　　Antonio M. Jorge da Silva, *Diaspora Macaense to California*, p. 10.

籍葡裔人士來說，英國亦並非真正意義上的「祖國」，他們能夠做的只是效忠英語社群的制度並以此為傲。只有擁有葡萄牙公民權的人才可稱葡萄牙為「自己的國家」，但他們和數代祖先都未曾踏足當地，葡萄牙終究只是一個可以「去」而非「回去」的國家。就算是對持有葡萄牙護照的其他澳門土生葡人來說，葡萄牙亦難以稱得上是他們的國家，而且護照並不能自動轉換為公民權。

數個世紀以來，在中國的葡萄牙人都確實「認為」葡萄牙是自己的國家。對在澳門以外的人來說，這種感覺尤其深刻，但只有那些說葡萄牙語、以葡萄牙語接受教育並擁有葡萄牙公民權的人才真正會移居到這個「想像中的祖國」[5]。一些澳門土生葡人只是知道自己在殖民體系的孤立存在。對他們來說，「了解世界的方式發生着根本的變化。比起其他任何事情，這種變化令人們更有可能去『思考』國家」。他們想像而來的「民族主義」來自本地所有與「葡萄牙」有關的事物，包括殖民地政府、天主教的傳播、由通用語演化的澳門土生葡語，以及不時掛在嘴邊的「祖國」。

眼見港澳的不確定因素和海外潛在的新機遇，很多人考慮離開家園和唯一熟悉的生活方式。他們的決定背後還有很多其他潛在原因。很多葡裔香港居民在騷亂發生後趕到美國領事館，依「優先配額」制度申請簽證。由於美國簽證申請可能需時數年，考慮到申請

5　Benedict Anderson, *Imagined Communities*, p. 22.

移居加拿大、澳洲和巴西的手續較為容易，不少人會選擇移居這些
國家。與此同時，他們曾在上海的同胞早已申請移民美國，並且取
得《難民救援法》規定的中國部分配額，獲准作為難民赴美。上海
葡裔人士憑藉難民身份，獲得比同胞優越的待遇。一位經此途徑移
民美國的 J. Bosco Correa 說：「在中國出生的非華人，包括葡萄牙
人，均可申請中國區的「白種人」配額。每年僅限二百個簽證。我
和我的兄弟獲歸入這一嚴格分類。」[6] 他們是騷亂後首批焦慮離港
的人羣。也有些人是純粹為了尋求機會而遷居海外，戰後很多澳門
家庭都是為此原因搬到葡萄牙。對大多數人而言，遷徙的選擇相當
有限。與家人移居三藩市的 Frederic "Jim" Silva 回憶：

> 離開遠東的香港葡裔人士的情況不同。對他們
> 來說，遷徙並非必要。大多數香港葡裔人士都
> 要深思熟慮自己和家人的長遠利益，才能決
> 定……
>
> 如果可以選擇遷徙地點，可能會有更多人願意
> 離開。1965 年起，新的移民條例和配額傾向限
> 制香港出生的人移民美國。由於 1965 年前的規
> 定只以種族為基礎，香港葡裔人士可使用自由

---

6   J. Bosco Correa 於 2008 年 11 月 15 日給作者的信。

歐洲的配額，但之後的配額不再基於種族，而
是出生地。每個國家都有相應的總配額。香港
這種殖民地只能分到宗主國的少量配額⋯⋯在
這種情況下，在中國出生的人比在港出生的人
有更佳的移民機會。[7]

美國移民和簽證規則的變化為在華的葡萄牙人和其他在亞洲出
生的人帶來機會。美國國會在 1965 年通過《入境移民與國籍服務
法案》，取消自 1924 年《移民法案》（該法案完全排除來自亞洲
的移民）施行的國別配額制度。正如早期離開的一批，多數人獲得
美國簽證的人移居加州。到澳洲的則定居悉尼、布里斯班、墨爾本
或阿德萊德等，亦有些人到珀斯、坎培拉或霍巴特等主要城市；到
加拿大的人會到溫哥華或多倫多，巴西則是里約熱內盧或聖保羅。
很多澳門家庭搬到葡萄牙，並且在里斯本或周邊地區定居，這並不
教人意外。也有些人移居英國，只是人數不多。

無論是自發還是受騷亂等不確定因素驅使，澳門土生葡人的全
球遷徙確實已經開始。留在香港的家庭，有的願意留下，有的無所
適從，有的只是在拖延。他們將要面對另一危機。1966 年 4 月，香
港天星小輪加價觸發抗議，不久演變為暴動，事件後來稱為「天星

7　Frederic A. Silva, *All our Yesterdays: The Sons of Macao, Their History and Heritage*
　　(California: UMA, 1979), p. 50.

小輪加價暴動」或「葉錫恩暴動」。雖然數月後澳門的「一二·三事件」與天星小輪事件並無關聯，但兩者無意間合流起來，不久將香港推向另一風波。

1967 年 4 月，香港出現連串勞資糾紛和工人抗議，並在當地的紅衛兵挑撥下漸趨暴力，觸發港府出動防暴警察鎮壓，英軍更在 5 月初出營。揮舞《毛澤東語錄》的左派示威者在街頭遊蕩和叫喊。數周後，相關的搶劫、縱火和暴力事件導致宵禁，後來更有人放置炸彈。騷亂斷斷續續鬧到 7 月，炸彈威脅直到 10 月才告平息。

經歷連串工潮和六七暴動後，就算是最頑固的葡萄牙社羣成員也認識到是時候離開。滬港澳葡萄牙人的第二波、亦是最後一波全球遷徙如火如荼。大多數人在 1970 年代初已經從香港遷徙到西方國家。從那時起到 1980 年代中期之間，很多在前兩次移民潮時留下的人也相繼離開了。

不過，仍有些人會選擇永不離開。無論他們曾否堅信英國會繼續管治香港，都要面對 1997 年香港回歸中國這個新挑戰。澳門隨後定於 1999 年 12 月交接，一切已成定局。不過，有些人早已認定港澳是他們的家，相信這裏的機會不比世上任何地方遜色。

第 十 二 章

重新演繹的
身份認同

一個人的身份到底是如何判斷的呢？有三個因素需要考慮：對自己的看法、他人的判斷、自己如何理解「自我」與「他人」的差異。通過思考這些因素，我們或會產生出優越感或自卑感。例如，歷史上很多（甚至大多數）社會都較為喜好膚色較白的女性，儘管未必會以同樣的原則對待男性。無論在北非、中國或日本，很多藝術作品都會將女神描繪成膚色白皙的模樣，因為這種形象的女性往往會被視為理想而高尚。放眼今日世界，尤其是西歐和美洲，迅速進入種族和民族混居的時代。孟德衞（Mungello）認為，「在十九世紀末歐洲帝國主義的高峰期，種族優越感和自卑感的全面影響在西方達到頂峰。」[1] 各國歐洲人的「白色程度」各有不同，有些甚至難以稱得上是白人。雖然文化和宗教比起膚色更能影響人的身份認同，但這些影響通常不會馬上浮現，故此膚色在西方仍然是最突出的差異因素。當然，隨着殖民主義終結，新一代人愈來愈不視膚色為重要因素。但對於曾經因為膚色而受區別對待的人來說，由此而造成的傷痛永遠存在。

　　移居海外的澳門土生葡人是當地的少數族羣，徹底失去殖民時代的生活方式和身份認同。在嶄新而多元的環境裏，他們憑藉自己的葡萄牙身份，與美加澳的葡萄牙人聯繫起來，但彼此的差異顯而易見。澳門土生葡人有獨特的外貌、飲食習慣、語言背景、教育和

1　D. E. Mungello, *The Great Encounter of China and the West*, p.133.

在遠東形成的傳統。他們（尤其是來自滬港兩地的人）遷徙前的生活方式獨樹一幟，與葡萄牙本土、馬德拉群島、亞速爾群島，甚至佛得角的葡萄牙人截然不同。雖然彼此都認為對方是葡萄牙人的文化分支，但他們除了同源同宗之外，幾乎毫無相似之處。在澳門土生葡人大規模遷徙到全球各地的一個多世紀前，一些在歐洲大陸和大西洋島嶼的葡萄牙人早已越洋到達美洲，並在新英格蘭落腳，之後再遷到其他地方，主要以加州為主。

在加州的葡人當中，不少人的祖先是來自亞速爾群島、近乎沒有受過教育的農民。他們的先輩是美國西部的開拓者之一，起初希望淘金，後來成為牧羊人、奶農和地主，到達美國的背景與後來的澳門土生葡人截然不同。澳門土生葡人到美國前，從未過經歷體力勞動，他們只求在美國這個機會之地有一份工作、一個棲身之所和能夠供養子女上學。

澳門土生葡人的全球遷徙在 1950 年代至 1960 年代達到高峰。在接收他們的國家，很少有人聽過澳門土生葡人的存在。加州的亞速爾人最初只是聽過葡萄牙擁有澳門這個殖民地，但幾乎無人知道中國其他地方也有葡萄牙社群。相信他們初次見到來自滬港的葡裔移民時，肯定驚訝不已。

移民三藩市的澳門土生葡人最初聚族而居，但後來郊區生活愈來愈便利和成本逐步降低，逐漸分散生活。「美國夢」誘發他們改變生活方式和離開熟悉的社羣。起初還是有人感到不安，渴望靠近文化相近的人，但他們再也不能單靠步行或乘搭巴士造訪親友。他們在中國聚居時的「鄰居」已經消失，取而代之的是各式各樣的「羣體」。在這個新的環境，雖然人人都有所不同，但權利一律平等。當然，很多人依然覺得孤立和缺乏身份認同。每當被問及原居地時，他們時常都會對自己的「葡萄牙屬性」有所疑惑，反映出對自己種族的思考。他們在遷徙前不會遇到這個問題。在社羣內部，他們是澳門、香港或上海的葡萄牙人。滬港兩地的葡萄牙人很少自認澳門土生葡人，總是為自己的葡萄牙身份為榮，但他們移居海外後開始認定自己和來自澳門同一社羣的人為 Macaense（澳門土生葡人）、Filhos de Macau（澳門之子）、Filo-Macau、Filo-Macs 或 FMs。此前作為澳門土生葡人或「大地之子」的自我認同只會見於文字，而且只有生於澳門並在當地生活的人會如此自稱。

澳門土生葡人移居海外後生育的後代應否繼續被視為澳門土生葡人？他們實際上是「澳門土生葡人的後裔」，部分人還是自稱澳門土生葡人，但大多數人都認為自己是出生國的國民，畢竟他們的父母和祖父母移居時已經取得了新的公民權。

澳門土生葡人可以歸入祖先的民族。複雜的是，他們除了有葡萄牙血統，往往還有華人和或其他民族的祖先，但除了對仍然留在中國的家庭，這些民族問題很快不再重要，因為他們已經融入了所在地的族羣。當然，社羣中的成員還是有不同看法：

　　　　澳門土生葡人社羣聚會和網上互動，打破了關於
　　　　澳門土生葡人的傳統理解的所有界限。我們受限
　　　　於這個小小飛地的時代已經過去。對於應該如何
　　　　理解自己作為一個超越邊界的社羣，我們的全球
　　　　遷徙提出了新的議題和思考角度。「我們是誰」
　　　　仍然是令人困擾的根本問題，有待解答。

　　　　我們可以通過他人的著作了解舊有的標準。這
　　　　些標準在作者思考的時代可能是恰當或有效
　　　　的，但如今已經有人質疑這些標準，他們不僅
　　　　包括已經遷徙的人，還有一些來自澳門……

　　　　即便擯棄所有這些傳統標準，至少有一點應該
　　　　依然有效：無論距離澳門或家鄉多遠，如果一
　　　　個人與澳門連少許關係也沒有，就不能自稱澳

門土生葡人。我所指的不是與家鄉相關的法律地位，而是一種歸屬感（sentido de pertença）或「依戀」。這種感覺不單單投射是到一座城市上，而且牽繫着一個文化空間，當中蘊含傳統、人際互動、人生經歷、家庭聯繫、故事和記憶。這些可以是親身得來，亦可以是從長輩身上傳承而來。因着這種感覺，我們每當提起澳門時，心中總會泛起一絲鄉愁。[2]

這段說話反映一些居澳的澳門土生葡人在政權移交後的感受。儘管認識到自己與華人和其他亞洲種族的混合，他們還是擔心自己的未來身份和當地的政治局勢。澳門土生協會於 2012 年 10 月 18 日及 31 日在澳舉行會議。以下節錄一篇新聞報道：

談到澳門土生葡人的身份時，對澳門土生協會理事長飛文基（Miguel de Senna Fernandes）來說，到底誰是澳門土生葡人這一問題只能從感情角度回答：「無人知道，你只能感覺出來。」不過他還是提出兩個他認為重要的條件。其中一點是「對這片土地的依戀」，他指「這種

---

2 飛文基於 2014 年 11 月 10 日給作者的信。

感覺不是必須生於當地才能擁有，可以從父母
身上傳承」，但是要有「一種言談之間洋溢的
共鳴感」。第二點是「某種對葡萄牙屬性的感
應」，這並不必定代表要有葡萄牙國籍。

在有關身份認同的分組討論時，較多人關注葡
萄牙語的角色，一些與會者認為這種語言正在
消失。「愈來愈多澳門土生葡人家庭是由華人
主導，這個地位過去屬於葡萄牙人⋯⋯葡萄牙
人已經成為這裏的遺產，一種我們必須保存的
遺產。」[3]

儘管飛文基的觀點本質上正確，但「對土地的依戀」和「某種
對葡萄牙屬性的感應」並不足以定義在澳門超過四個世紀的葡萄牙
後裔。有些澳門土生葡人並沒有葡萄牙血統，但他們要不是融入了
這個社羣，就是通過嫁娶進入了這個社羣，從而至少獲得一些「葡
萄牙基因」。在這個遷徙全球但面臨消失的社羣內，很多人傾向被
劃一認定為「至少有部分葡萄牙血統」，但是歷史上確實有例外
情況，只是有關非葡裔的人士都與葡裔人士通婚，因而可以籠統
歸入澳門土生葡人這個分類。

---

3 *Macau Daily Times*（《澳門每日時報》），2012 年 10 月 18 日和 31 日。

飛文基還提出了他認為顯而易見的「第三要素」：

> ……對社羣的歸屬感。與澳門土生葡人社羣完
> 全分離的人並不能自稱澳門土生葡人。沒有頭
> 銜、身份證、護照、身體特徵或任何其他有形
> 的標誌能證明你是澳門土生葡人。究竟靠甚麼
> 可以判斷自己的身份呢？答案是社羣內各種可
> 以外化〔傳達〕的元素。這些元素讓你有可以獲
> 取認同和證明身份的角度。[4]

　　舊的定義應該隨時代的急速變化而退場，但我們在描述葡萄牙
人在華的歷史時，還是必須用「舊標準」才能作出符合現實的劃分。
撇開定義問題，儘管澳門土生葡人的全球遷徙至今已有五十多年，
但他們實際上依然對作為澳門土生葡人的條件有所分歧。隨着世代
更迭，愈來愈少人關注「至少有些葡萄牙血統」這個因素，畢竟新
一代的人本身就不是嚴格意義上的澳門土生葡人，而是「澳門土生
葡人的後裔」。「澳門土生葡人」舊有的定義不久只會在特定的歷
史背景適用。

　　幸運的話，他們從父母和祖先繼承的豐富文化將會經得起時間
的考驗流傳下來，相關歷史還能為後世所知。對未來的世代而言，

4　　Ibid.

了解祖先身份、他們數世紀在華的歷史和相關記錄會是一筆寶貴的遺產。葡萄牙人有非常強大的抗壓力，憑藉毅力緩解中歐貿易初期的緊張局勢、捱過澳門在香港成為殖民地後的急劇衰退，值得後裔引以為傲。澳門土生葡人雖然屢受壓制，但數個世紀以來還是展現出堅忍與鬥志，激發了邁向成功所需的心智能力和意志。

他們來自一個與眾不同的社會，擁有獨特的文化和外表，在多元的大熔爐生活難免感到壓力。這種壓力驅使他們努力提升地位，令父母加緊推動子女獲得成功。比起遷徙前接受教育的父母，新一代在所在國有機會接受更好的教育、有更多升讀高等院校的途徑。不少人發奮圖強，投身到他們的祖先在中國沒有機會參與的貿易活動和專業發展。

留在港澳的土生葡人是最後一輩在中國的葡萄牙人。他們並不害怕被華人取代，而是像他們的祖先堅信中國一定繼續走向繁榮。留在香港的人確實繁榮興旺，有些離開了的人甚至已經回流返港。另一邊廂，澳門也迎來了繁榮昌盛的歲月，一躍而成為世界博彩業收益最高的賭城。新政府令澳門重現光芒，以和平與安寧換取大量遊客和賭徒，但這些人潮難免會侵擾昔日的歷史遺產，掩蓋了這些古舊建築的美態。澳門人已經意識到這種危險，一些人抗議在松山燈塔附近興建高樓，亦有人為了捍衛當地的世界遺產而集會。「這

些行動的成功在於雖然參與者較少，但以華人為主，而且行動都與澳門的身份直接關係。」[5] 對於澳門在政權移交前的二十年間在保育歷史建築方面的努力，新政府展現出相當程度的重視。「事實上，鑑於澳門經濟對博彩業和旅遊業的依賴，新政府必須維護城市的旅遊吸引之處，包括細小的城區和具有殖民色彩（或異國情調）與歐洲地中海特色的城市特質。」[6] 政府推行了一系列融合政策，包括允許澳門土生葡人選擇國籍、維持澳門的歷史身份和構建身份認同。這些政策不僅對澳門市民整體有利，而且繼續鼓勵留下來的澳門土生葡人。當然，考慮到近年中國內地人士移民澳門情況，我們尚需時日才能判斷多元的中葡文化是否能夠真正共融，是否可以打造新一代的澳門人。

5　Malte Philipp Kaeding, "The Evolution of Macao's Identity: Toward Ethno-cultural Civic-based Development," *The Journal of Comparative Asian Development*, 9:1 (2010)：150.

6　Wai-man Lam, "Promoting Hybridity: The Politics of the New Macau Identity," *The China Quarterly*, 203 (September 2010)：663.

第 十 三 章

國籍問題

隨着一些澳門葡裔人士在鴉片戰爭後遷往香港定居和就業，有關葡萄牙國籍的問題開始浮現。部分香港葡裔人士入籍英國，有些則保留葡籍並在葡萄牙領事館辦理了登記手續。在上海等通商口岸的葡萄牙人則沒有這種選擇，只能繼續保留葡籍並向領事館登記。

1949年，解放軍進佔上海，翌年葡萄牙人被迫離開。當地葡萄牙領事館關閉後，館內所有登記檔案移至香港，據稱部分文件途中散失。上海葡裔人士離開中國內地時大多持有葡萄牙護照，並不知道它實際上只是旅遊證件。他們以為既然護照已經標明國籍，自己又曾在領事館登記，證明國籍想必並非難事。當護照過期後，他們才發現難以延續他們的葡萄牙國籍。

一些澳門土生葡人世代以葡萄牙人自居、持有葡萄牙護照並在澳門以外的中國城市作領事登記，遷徙後卻要面對棘手的公民權問題。葡萄牙在1981年修改了有關國籍及公民權的法律，此後很多曾作領事登記的葡萄牙護照持有者在申請續證時被拒，頓時變成連旅行證件也沒有的無國籍人士。雖然他們多數到了1980年代中期已經移居海外，但這項法律修訂還是影響了不少人。

1961 年 12 月果亞陷落前，葡萄牙遵循在 1959 年確立的屬地主義原則，即國籍和公民權是經由在葡萄牙領土出生而獲得。[1] 1974年 4 月 25 日康乃馨革命後，新政府推行去殖民地化，讓非洲領地獨立建國，同時着手修訂國籍法。有關法律在 1981 年轉而遵循屬人主義原則，即國籍和公民權是通過血緣而獲得的原則。[2]

> 　　1990 年代，葡萄牙的移民數字急劇上升，非法
> 移民數量尤甚，這催生了修訂 1981 年法令的
> 1994 年 8 月第 25 / 94 號法律。政府當年關注如
> 何降低合資格取得葡萄牙公民權的人數，當時
> 他們的數字正節節上升……該修訂旨在令外國
> 人更難（遵循屬地主義）在出生時或出生後（尤
> 其是通過婚姻或歸化）取得公民權。[3]

　　該法律承認雙重國籍，無損擁有其他國家公民權的葡萄牙人的權益，例如一些英籍香港葡裔人士也申請了葡萄牙公民權。

　　由於這項修訂，此後葡萄牙人的海外出生子女如要獲取公民權，必須遞交申請，只有葡萄牙公務員的子女可按該法（第一節第

1　葡萄牙國籍法（編號 2098 / 1959）。

2　葡萄牙國籍法（編號 27/1981）。

3　Nuno and Ana Rita Gil Piçarra, "EUDO Citizenship Observatory, Country Report: Portugal." Revised and updated November 2012 (European University Institute, Florence, Robert Schuman Center for Advanced Studies, 2012), p. 10.

1b 項）在出生時自動獲取公民權。持有葡萄牙護照的澳門土生葡人換證時必須證明公民身份（即血統符合成為公民的規定）。一些人稱自己在葡萄牙駐上海領事館的登記文件於 1949 年中共建國後散失。這些人士必須先證明自己的葡萄牙血統，才能取得公民權，這對一些人而言殊非易事。畢竟澳門未遭燒毀、白蟻蛀蝕或腐爛的領洗記錄已經轉移到葡萄牙，即使這些文件完好無缺，也要需時多年和花費甚鉅才能尋回。

在 1993 年 11 月的首屆澳門土生葡人社羣聚會上，本人草擬了一份書面聲請，並由沙利士（Arnaldo de Oliveira Sales）紳士和各地澳門之家的主席修訂和簽署，準備由澳門總督韋奇立（Vasco Joaquim Rocha Vieira）將軍轉交原訂出席閉幕儀式的葡萄牙總統蘇亞利斯博士（Mário Alberto Nobre Lopes Soares）。

全球澳門土生葡人社羣組織的主席均視這次聚會為難得機會，希望請求葡萄牙政府採取行動，緩解葡裔人士在試圖獲取國籍時的困境。令人遺憾的是，蘇亞利斯博士在前一日改變行程，未能出席，讓與會者失望而回。[4]

澳門土生葡人有關取得葡萄牙國民身份的聲請以此開端：

---

4   Antonio M. Jorge da Silva, *Lusitano Bulletin*, Vol. 2, Bk. 4, p. 3.

我們是代表全球多數澳門土生葡人社羣的機構
經選舉產生的領袖，獲得廣泛認可，敬向葡萄
牙政府聲請，希望政府考慮承認具葡萄牙血統
的澳門土生葡人擁有葡萄牙國民身份。

我們了解，法律規定任何人如欲取得葡萄牙國
民身份，必須事先登記並提交證明，確認他們
有葡萄牙祖先，我們只是希望我們所繼承的獲
得尊重。[5]

在沙利士紳士推動下，這個問題最終得以局部解決，有關的
澳門土生葡人能像同胞一樣定居其他國家，擁有真正屬於自己的國
家，一個可供後代依靠的國家。

最後同意的是，他們經過適當程序後會獲發護
照。之後最終要處理的，就是關於葡萄牙認別
證[6]的問題。此舉讓曾經不幸與國家中斷聯繫的
人甚為滿足。有少數人確實曾因護照沒收而無
法出行。[7]

5　沙利士紳士於 1993 年 10 月 27 日給作者的信。全文刊於 *Lusitano Bulletin*, Vol. 2,
　　Bk.4, p. 3。作者時任為該會編輯。

6　「葡萄牙國民身份證」數年前已由「葡萄牙公民證」取代。

7　Ibid.

雖然有關當局最終為這些澳門土生葡人發出護照，但公民權的問題懸而未決。曾經有人申請，但只有少數成功。

早在二十世紀前，就有人通過歸化取得葡萄牙旅遊證件，但其簽發有違葡萄牙法律，就算在香港日佔時期基於人道理由發出的亦然。數十年後，澳門土生葡人都對非法售賣護照的事件深惡痛絕，這種情緒在未能合法換證的人士之間尤為明顯。當然，這不是指澳門華人的葡萄牙護照是非法簽發的。根據 1867 年 6 月制定、經當年澳門第 34 號《政府公報》公佈的《第 98 號王室法令》，歸化葡萄牙的華人的子女一概為葡萄牙公民。[8] 1899 年，澳門已經有華人以葡萄牙護照前往曼谷，並被視為葡萄牙君主的子民。[9] 二戰以後，滬港澳均有人向其他國家的人士非法簽發（或售買）葡萄牙護照，當中包括許多與葡萄牙全無關係的人士。

> 澳門在 1999 年有四分之一的人口，即約一萬七千人，持有葡萄牙護照的，多數是華人。此外，約有二十萬人可能合資格取得葡萄牙國籍。(Hook & Neves, 2002, pp.118–119) 但是，擁有葡萄牙護照和國籍不等於心繫葡萄牙或以葡萄牙公民自居。這些華人認為自己是澳門人或中國

---

8   Beatriz Basto da Silva, *Cronologia da História de Macau*, Vol. 3, p. 218.
9   Ibid., p. 366.

人。澳門 2006 年人口普查顯示，93.9% 澳門居
民被認定為中國籍，2% 是菲律賓籍，葡籍的只
有 1.7%。（統計暨普查局，2007）[10]

很多生於澳門的華人合法取得葡萄牙護照，但並不因此成為澳
門土生葡人，也不會這樣自稱。有人或會擔心，這些華人的葡籍身
份或會令「澳門土生葡人都有葡萄牙血統」這個原則變得無效。澳
門華人的葡籍身份讓我們有必要分辨誰是經過歸化、領洗或混居而
成為葡萄牙人，誰是基於血緣而成為葡萄牙。這並不是為了分化，
只是為了理解歷史。

1999 年澳門移交後，包括土生葡人在內的澳門居民面對一系列
由澳門特區政府制定、旨在促進與中國內地整合的政策，以及由此
衍生的新規則。本書不擬探討與國民身份、個人與集體身份、政治
與經濟架構等有關建構「新澳門」政策的議題，但留下來的葡裔人
士還繼續是澳門土生葡人社羣及其歷史的一部分。他們包括那些已
經或將會取得中國國籍、嫁娶華人的土生葡人，以及他們的子孫。
我們有必要了解這些人士在特區政府治下的身份和地位。

中國全國人民代表大會常務委員會規定，凡具有中國血統又具
有葡萄牙血統的澳門居民，可以根據本人意願，選擇中國國籍或葡

---

10   Malte Philipp Kaeding, *The Evolution of Macao's Identity*, p. 146.

萄牙國籍。如果一個持有葡萄牙護照的澳門土生葡人選擇加入中國國籍，他依然可以使用其護照作為旅行證件，但要放棄其葡萄牙國籍和在華享有葡萄牙領事保護的權利，中國並不承認雙重國籍。根據澳門特區的法律，所有本地持葡萄牙護照的華人居民均被視為中國公民，但可以使用該證件作旅行之用。

中國並沒有其他地方像澳門般做到東西文化熔爐，到了今日這依然是澳門的特色。未來澳門土生葡人及其子女在面對種族差異時，將會如何自處？在過去多個世紀，葡華兩族既保持民族差異，又能和諧相處，這種特色在特區時代應該繼續。香港大學的林蔚文博士撰文指出，澳門特區政府在回歸後的首要任務應該是種族整合。令人高興的是，林博士認為當局並不以建構單一的種族身份為首要任務，又指新政府正精心整合和發揚澳門多元的身份元素：

> 澳門的新政府有意識強化原來的身份認同所包含的殖民遺產，鼓勵市民以殖民時代的過去為豪。與其他後殖民政權的治下般不同，這些殖民遺產並無遭到抑制⋯⋯

> 相反，新政府已經營造出一種混合身份，其中包括國家和國際層面，相信這些身份不單會有

跨越文化與時空的葡亞人：澳門葡裔的演化

利推進族羣的建構，而且能夠幫助達到有利管
治的經濟目標。[11]

　　如前所述，不論今昔，澳門都是以華人為絕大多數，這種情況
在葡萄牙管治結束後更加有所強化。

澳門移交時，當地約四十五萬名居民之中只有
2% 說葡萄牙語，其他 98% 說粵語或其他語言。
殖民政府與華人居民距離較遠，葡華兩族較為
疏離。在政權移交前，多數澳門人認為殖民地
的身份認同只是作為「他者」而存在。[12]

　　特區政府推行以包容為本的政策，試圖整合澳門多元的人
口，目前已經為澳門人營造出一種對身份的自豪感、歸屬感和本
土身份。

香港大學民意研究計劃在 2005 年進行一項有關
澳門、台灣、香港和沖繩的身份認同的調查。
澳門受訪者在面對三個身份選擇（澳門人、中

11　Wai-man Lam, "Promoting Hybridity: The Politics of the New Macau Identity,"
　　pp. 657-659.

12　Ibid., p. 662.

國人、是澳門人也是中國人）時，33.7% 人回答自己是中國人，13% 稱自己是澳門人，其餘 47.8% 人稱自己是澳門人也是中國人。[13]

雖然純粹認為自己是澳門人的受訪者比例較低，但最多人選的「是澳門人也是中國人」，同時反映了國家認同和本土身份。

澳門移交後，一些土生葡人出於個人理由加入中國國籍。世世代代在中國的定居讓他們產生一種歸屬感。撇開種族差異，澳門土生葡人的生活習慣和文化與華人的甚為接近，很多都說廣東話，少數人甚至普通話流利。有些人以廣東話為家庭語言，而非父母或祖上說的葡萄牙語。考慮到澳門將會在 2049 年與廣東省整合，對準備留澳成家立業的人來說，加入中國國籍比保留葡萄牙國籍有更多好處。整體而言，入籍中國並沒有影響到他們在土生葡人社羣的地位。在港澳邁向與中國其他地區全面整合的路上（香港的限期是 2047 年），香港也會繼續有當地的土生葡人社羣。中國持續增長的經濟無疑推動兩地發展得更加繁榮，甚至促使一些遷徙各地的土生葡人子孫回來港澳謀生。由於葡萄牙經濟在二十一世紀初下滑，促使一些年輕葡萄牙人前往澳門就業。而一些來自澳洲、加拿大或美國的土生葡人則申請簽證到香港工作。

13　　Malte Philipp Kaeding, "The Evolution of Macao's Identity: Toward Ethno-cultural Civic-based Development," pp. 152-153.

跨越文化與時空的葡亞人：澳門葡裔的演化

這些新來者與原本留下來的葡萄牙人一同建構新的澳門社會，遠離先輩在殖民時代定下的秩序。在香港，西洋會所依然活躍，但不再只為葡萄牙男性服務，國籍也不再是決定升遷的因素。就算是在葡萄牙人的社交圈子內，國籍也變得無足輕重，與各種勢力的關係和財富就是一切。

遷徙全球各地的澳門土生葡人已經成為所在國家的一員，不再面對國籍問題，而留澳的人將會繼續是澳門人、大地之子或澳門土生葡人。一些澳門土生葡人已經或將會成為中國國民，他們葡萄牙屬性的一面將會逐漸退居幕後。

結語

澳門移交後，歷史學者撰寫了很多關於澳門華人的著作，包括探討曾在澳門居住已久的移民。在十六世紀，葡萄牙人在當時人煙稀少、只有少數閩籍漁民的濠鏡播下發展的種子，令澳門成為中西貿易的催生者。除了本地的蜑家和福佬移民，一些勤勞的廣東人亦來到澳門，將「澳門街」一步一步建立起來。這些族羣經歷了澳門對日貿易衰落後的經濟不景、荷蘭人的進犯，鴉片戰爭的動盪和緊接而來的經濟停滯。澳門在二戰後的數十年慢慢復甦，但這個葡萄牙殖民地已經過時，失去存在意義。在土生葡人漸漸離開之際，愈來愈多華人來到澳門。當地由西方主導的政權及其歷史已經步入尾聲。

　　澳門土生葡人曾經奠下歷史的地位、事跡應當載於史冊流傳。他們是在澳門出生或祖先在澳門出生的葡萄牙人後裔，與沒有葡萄牙血統的葡萄牙人有所分別。這種定義不是為了否認後者的身份，而是作出應有的區分。澳門土生葡人曾對一個他們多數人從未踏足的國家感到自豪，但這種感情現在已經更多地轉移到後來接納他們、能夠讓子孫真正視之為家的國度。不過，在很多移民的心底，葡萄牙始終是他們的祖國。他們至今仍然珍惜遷徙前的生活方式和文化，這都值得後世記憶和愛惜。一首在 1992 年載於 *Lusitano Bulletin* 的哀歌反映了這個社羣的整體感受：

這個葡萄牙在東方海岸的一小角落令人自豪
的歷史將要閉上帷幕，遺孤只能在他們的
Saudades 之中找到慰藉。在悲楚之中，他們知
道教堂的鐘聲很快就會響起，昭告他們與祖先
家鄉告別的時刻⋯⋯

雖然身處千里之外，但昔日的美好回憶依然會
長留心間。除非我們有意告訴子女，否則他們
永遠都不會知道身上所流傳的過去：我們族羣
的精神、食物、曾經隨處聽聞的故事和獨特的
別名——這些都是我們的靈魂的一部分⋯⋯

從澳門開埠到葡萄牙國旗徐徐降下的 442 年間，
遠在中國前哨的葡萄牙人後裔雖然已經遷徙全
球，但依然為其遺產感到自豪。[1]

　　朋友稱他為「阿德」（Adé）的若瑟・山度士・飛利拉（José
dos Santos Ferreira）曾以澳門土生葡語創作詩歌和短劇。它們不
僅記錄了澳門土生葡語留存下來的部分，還反映了土生葡人將會留

1　Antonio M. Jorge da Silva, *Lusitano Bulletin*, Vol. 1, Bk.3, 1992, p. 2.

下的幽默感和 saudades。在澳門移交中國前的十年，他寫下了這首
詩歌，與他摯愛的出生地道別。

Adios di Macau

Macau ta perto falá adios
Pa tudo su filo-filo,
Pa Portugal
Pa gente qui devera querê pa êle.
Quim têm êle na coraçám,
Lôgo sentí grándi margura;
Voz lô ficá engasgado na gargánta
Na ora di falá adios pa Macau.

Ah! Divera saiám, nôsso Macau!
Qui dôi coraçám olá vôs têm-qui vai,
Escapulí di nôsso vida,
Vivo separado di nôsso Portugal. [2]

道別澳門

澳門，即將道別了
給你的子女

2   José dos Santos Ferreira, *Doci Papiaçam di Macau* (Macau: Instituto Cultural de
     Macau, 1990), p. 27，部分內容為澳門土生葡語。

跨越文化與時空的葡亞人：澳門葡裔的演化

給葡萄牙
給所有真正愛你的人

那些將你懷在心間的人

將會痛苦不已
你在聲音將會在喉內壓抑
在你要跟澳門道別的時刻

噢！我的澳門，實在可惜！
心底何等痛苦，要見到你的離去
要活出我們的人生
要與我們的葡萄牙分開生活

　　澳門土生葡人在他們的移居國紛紛成立澳門之家（Casas de Macau）等組織。在澳門、巴西、加拿大、葡萄牙和美國，老一輩的澳門土生葡人移民盡力保持自己的文化認同。雖然新一代中有些人對這些文化感到興趣，但總體而言並非十分熱衷。這些俱樂部過去多年來薪火相傳，令社羣的獨特美食後繼有人。1993 年起，澳門幾乎每兩年就會舉辦一次全球土生葡人社羣聚會，令年輕一代有機會到訪祖先的家園，該聚會一直都得到政府資助。澳門土生葡人社羣散居多國的外籍成員興致勃勃參與聚會，這不是單單的相聚，而是蘊含了回家的意義，是這個全球社羣日漸年長的成員笑淚交織的團圓。

遷徙到西方的土生葡人餘生都會記得離澳時的環境和生活方式，擁抱「鄉下」的記憶。他們與其他多元種族、多元語言和多元文化的社羣和諧相處，繼續保持獨特的身份認同，將他們的價值傳給後代。有些人依然記得英國殖民主義下的歧視和要忍受的事，但他們現在有機會去尊重鄰居的種族、文化和宗教。澳門之子或其後裔從未與種族主義扯上關係。雖然直至二十世紀初，他們還未與華人有社會上的融合，但在了解自己與華人的分別的同時，從來都沒有憎恨或歧視對方。

　　離開了滬港澳的澳門土生葡人在美國、加拿大、澳洲、葡萄牙和巴西等地生兒育女。這些子女的下一代並非澳門土生葡人，而是澳門土生葡人的後裔，生活與祖先的截然不同，思維與東方人的大相徑庭。雖然有些人還是會受澳門土生葡人文化（尤其是美食）影響，但他們都自視為出生國的一員，教育和生活方式幾乎完全與父母一代不同。況且，他們的祖父母本身也愈來愈融入當地社羣。雖然有些澳門土生葡人還是會在社羣內嫁娶，但他們只屬少數。他們今日活在開放和思想相當自由的社會，外遊次數遠超祖輩過去的想像，但每當提起「免治」等澳門美食時，很多人不僅會想起它們的味道，而且欲欲一嚐。他們會不會也花時間收集有關系譜和先輩歷史的資料？那些在中國出生的人，是否還會記得曾祖母數個世代一直唱着的葡文或中文童謠和搖籃曲？他們有關葡萄牙祖輩的記憶迅速消散。或許終有一日，腦海的基因印記會讓他們感到疑惑或驚訝，或許就是既視感出現的那一瞬間。

跨越文化與時空的葡亞人：澳門葡裔的演化

人們或會遺忘教堂的鐘聲，但誰能忘記背着粗長竹枝、兩邊掛着藤籃、收買爛銅爛鐵的人用小錘敲着金屬片，單調地重複：

叮叮、叮叮……

這些在澳門稱為「叮叮佬」的赤腳男子穿着黑色短褲、白色背心，收買破爛或不要的銅製或由其他金屬所製的器皿，有旋律地大聲呼喊：

有冇爛銅、爛鐵？

就像澳門土生葡語的字句，這些沾有詩意的詞語和聲音應當記錄下來，不僅作為這個地方的歷史，更是為了保存這些再沒有人會親耳聽到的聲音。這是「舊澳門」的回聲，令人想起當年葡華兩種文化在相對和諧和互相尊重的環境共生共榮。

曾經在華生活的澳門土生葡人無法將他們的身份或情感牽絆傳給後代，但他們的文化可以並應當保存下來。澳門和澳門土生葡人不應是歷史的註腳。他們的文化代表着一個社羣對時代的見證，將會在歷史的長河存留下來。

跨越文化與時空的葡亞人：澳門葡裔的演化

圖 22　在加州的新一代澳門土生葡人（2008 年）

附錄

澳門土生菜式

今日我們所見的澳門土生菜式並非孤立地從澳門演化而來，而是由來自非洲的女奴、果阿的女性、馬六甲的娘惹、日本女性和當地的華人婦女（部分是妹仔）共同演化而成的。她們將家鄉的食物在澳門混合成新的菜式。澳門土生菜式有着葡萄牙的起源，後來又加入亞洲的菜式、香料和烹調方法，就像澳門土生葡人的演化一樣。這些菜式沿着葡萄牙人從西至東的發現之旅傳播，經過非洲、印度和馬六甲一路傳到澳門。

這個居留地的混合菜式源於陪伴葡萄牙男性前往澳門的女子，但這些菜餚還是主要以這些葡萄牙男性描述的葡萄牙手法烹調……他們帶着廚具、食物和洋涇濱葡萄牙語。果亞人帶來了他們受「天主教」所影響的印度菜，而來自馬六甲的馬來婦女 Nhonhas（澳門土生葡語，意即未婚少女或已婚少婦）帶來一些現時澳門土生菜式早期版本，包括鹹蝦酸子豬肉配飯（Porco Balichão Tamarindo com Arroz Carregado）、鹹蝦米粉湯（Sopa de Lacassá）、椰汁糯米飯（Bagi）和 Ladu（豆撈，一種類似糯米糍的小點心）。Nhonhas 和峇峇娘惹（海峽華人）是檳城、馬六甲、印尼和新加坡的中

國移民與當地馬來人的後裔。他們的美食可能
對澳門早期的食物有最大的影響。這些人士在
澳門使用當地的配料和農產品。隨着當地中式
食材進入，中式的的烹飪風格和器具也進入了
澳門土生葡人的廚房、反映在食物之中。經過
多年，這些不同民族的婦女成為了澳門土生葡
人的母親、是澳門土生葡裔社羣的女性先輩。[1]

隨着華人融入澳門土生葡人的社羣，他們也將自己的美食帶到
對方日益多元的菜式之中。由於澳門人口以華人為多數，加上他們的
農產品和配料有充足供應，一些純綷的中菜也傳到澳門葡萄牙人的
餐桌。豉油和花生油取代了鹽和橄欖，中式的香腸代替了葡式臘腸
（chouriço），幾乎所有菜餚都會配以米飯作為主糧，而不是西方人
習慣的薯仔和麵包。

第二次世界大戰後，澳門土生葡人遷徙到很多西方國家。就像
早年移居澳門的女性那樣，這些土生葡人也將他們的習俗和美食帶到
新的家園。他們之前的食譜不僅要因應當地配料的供應而有所轉變，
還要考慮那裏的蛋類和農產品的大小，例如本來一道菜需要二十隻雞
蛋，現在則是十隻或十二隻尺寸更大的雞蛋，還有就是加州的椰菜比
港澳的要大幾乎一倍。加州沒有他們過去從葡萄牙入口至澳門的葡式

---

1 Antonio M. Jorge da Silva, *Macaense Cuisine*, pp. 18-19.

跨越文化與時空的葡亞人：澳門葡裔的演化

臘腸，要以肉腸（linguiça）取而代之。有些配料在西方國家沒有供應，必須以類似的取代。澳門土生菜式因而出現新的演變。

以下這道菜式反映了我和母親的食譜的不同，為了遷就配料的供應和照顧個人口味，我不得不對食譜有所修改。很多「舊派」的澳門土生葡人或會覺得這些煮法與他們的有所不同，亦可能會說這與他們母親教導的不同。他們當然是正確的，但是其實澳門土生菜式在過去數個世紀都在不斷改變。對他們的娘惹先祖來說，引入中國的食材和烹調方法便是一個巨大的轉變。不是每個人的食譜都要相同，但其中的配料和味道至少應該接近在十九世紀或二十世紀被視為是澳門土生的食物。

這些將要成為歷史的菜式在美國被稱為「混合菜」，但是這裏仍然希望記綠它們新的形式和演化，為將來對澳門土生菜式有興趣的人士留下記錄。

如需更多食譜，可以參閱筆者的著作 *Macaense Cuisine: Origins and Evolution*。

這道菜式常在澳門以外的家庭出現，很多年輕一代的澳門土生葡人甚至不曾聽聞過。菜式起初是中菜，但後來經澳門的葡萄牙人稍加調整，加上砵酒或雪利甜酒並配以棕櫚糖。

像許多澳門土生菜式一樣，肉汁是這道菜非常重要的一環。柔軟的豬肉略帶甜味，與一片片的蓮藕形成鮮明對比，構成一道地道美味

圖 23　蓮藕炆豬肉
（由施安東按 Olga A. Pacheco Jorge da Silva 的食譜修改而成）

的澳門土生菜式。這道菜葡文名稱中的 restrate 代表蓮藕，但這個詞語今日已經非常少用。根據 Graciete Batalha，該詞源於中國的澳門土生葡人社羣，由葡萄牙語的 raiz（根）和澳門土生葡語的 trate（馬來西亞語的 teratai，形容一種睡蓮）組成。

根據我母親的食譜，這道菜要用兩茶匙老抽、四湯匙生抽、四湯匙米醋和兩茶匙白糖，而我自訂了豉油和醋的比例，並且像典型的印度 — 馬來菜般添加了 jagra 棕櫚糖和非常甜的雪利酒。

（六人份）

材料		做法
1 ½ 磅	將豬肩肉切成一粒粒，每粒約兩立方寸	1. 將豬肉用老抽和生抽、醋、雪利酒和糖醃最少兩小時。煮之前用滷汁浸着豬肉（盡可能用多一些滷汁），之後將滷汁留下。
1 磅	洗淨蓮藕，去皮，切成一片片，每片約兩寸	
3 湯匙	生抽	2. 將平底鍋加熱，加入三至四湯匙植物油，加上大蒜和蔥，然後再放豬肉猛火炒熟。
3 湯匙	老抽	
2 湯匙	中式米醋	3. 將留低的滷汁倒到豬肉上面，再加半杯水。以中火煮 20 分鐘，稍為蓋住平底鍋，偶爾攪拌一下。
3 湯匙	甜雪利酒	
2 湯匙	jagra — 壓碎的棕櫚糖或紅糖	4. 放蓮藕片和薑絲。
3 瓣	稍為切碎的大蒜	5. 如果在爐灶上烹調，就要將火力減至最低，燜至少 1.5 小時，至少攪拌一次。更好的做法是將材料放到預熱 225° F 兩小時的焗爐，一小時後揭開並且攪拌，確保蓮藕片都沾有肉汁。
¼ 杯	切成每條約三英寸的薑絲	
¼ 杯	蔥（切至約 ¼ 片寸）	6. 配以白飯，將肉汁倒在肉上。

參考文獻

跨越文化與時空的葡亞人：澳門葡裔的演化

專著

Almeida, Virginia de Castro e. (ed). *Conquests and Discoveries of Henry the Navigator: Being the Chronicles of Azurara*. London: George Allen and Unwin, 1936.

Amaro, Ana Maria. *Filhos da Terra*. Macau: Instituto Cultural de Macau, 1988.

Anderson, Benedict R. O'G. *Imagined Communities: Reflections on the Origin and Spread of Nationalism*. Rev. ed. London; New York: Verso, 2006.

Arrighi, Giovanni. *The Long Twentieth Century*. London; New York: Verso, 2010.

Banham, Tony. *Not the Slightest Chance: The Defence of Hong Kong, 1941*. Hong Kong: Hong Kong University Press, 2003.

——————— . *We Shall Suffer There: Hong Kong's Defenders Imprisoned, 1942-1945*. Hong Kong: Hong Kong University Press, 2009.

Bard, Solomon. *Traders of Hong Kong : Some Merchant Houses, 1841-1899*. Hong Kong: The Urban Council, 1993.

Batalha, Graciete Nogueira. *Glossário do Dialecto Macaense: Notas Linguí'sticas, Etnogra'ficas e Folclo'ricas*. Coimbra: Faculdade de Letras da Universidade de Coimbra. Instituto de Estudos Románicos, 1977.

Revista de Cultura. *Língua de Macau o Que Foi e o Que é*. No. 20 (II Série), Edição em português, Macau: Instituto Cultural de Macau, 1994; also published as English editionin *Review of Culture*, No. 20 (2nd series), July-September 1994, Macau: Instituto Cultural of Macau.

Birch, Alan and Martin Cole. *Captive Christmas: The Battle of Hong Kong, December 1941*. Hong Kong: Heinemann Asia, 1979.

Bosanquet, David. *Escape Through China : Survival After the Fall of Hong Kong*. Londn: Robert Hale Ltd, 1983.

Boxer, Charles Ralph. *Fidalgos in the Far East, 1550-1770*. 2nd Rev. ed. Hong Kong; London: Oxford University Press, 1968.

——————— . *Four Centuries of Portuguese Expansion, 1415-1825: A Succinct Survey*. Berkeley: University of California Press; Johannesburg : Witwatersrand University Press, 1961.

——————— . *Macau na Época da Restauração*. Vols I e II, Lisboa: Fundação Oriente, 1993.

————— · *Race Relations in the Portuguese Colonial Empire, 1415-1825.* Oxford: Clarendon Press, 1963.

————— · *Seventeenth Century Macau in Contemporary Documents and Illustrations.* Hong Kong: Heinemann Educational Books (Asia), 1984.

————— · *The Great Ship from Amacon.* Macao: Instituto Cultural de Macau, Centro de Estudos Marítimos de Macau, 1988.

————— · *The Portuguese Seaborne Empire: 1415-1825.* Manchester: Carcanet Press, 1991.

————— · *Tamão dos Pioneiros Portugueses.* Macau: Escola Tipográfica Salesiana, 1939.

————— · *The Western Pioneers and Their Discovery of Macao.* Macau: Imprensa Nacional, 1949.

————— · *China Landfall, 1513: Jorge Álvares'Voyage to China. A compilation of Some Relevant Material.* Instituto Português de Hongkong (secção de história), Macau: Imprensa Nacional, 1955.

Braga, José Pedro. *The Portuguese in Hongkong and China.* Macau: Fundacão Macau, 1998.

Bruce, Phillip. *Second to None: The Story of the Hong Kong Volunteers.* Oxford; Hong Kong: Oxford University Press, 1991.

de Pina-Cabral, João and Nelson Lourenço. *Em Terra de Tufões: Dinâmicas da Etnicidade Macaense.* Macau: Instituto Cultural de Macau, 1993.

Coates, Austin. *A Macao Narrative.* Hong Kong: Heinemann Educational Books (Asia), 1978.

————— · *Macau and the British, 1637-1842: Prelude to Hong Kong.* Hong Kong: Oxford University Press, 1988.

Diffie, Bailey W. and George W. Dinus. *Foundations of the Portuguese Empire, 1415-1580.* Minneapolis: University of Minnesota Press, 1977.

Endacott, G. B. *A History of Hong Kong.* 2nd ed. Hong Kong: Oxford University Press, 1985.

Fei, Chengkang. *Macao 400 Years.* Shanghai: House of Shanghai Academy of Social Sciences, 1996.

Ferreira, José dos Santos. *Doci Papiaçam di Macau.* Macau: Instituto Cultural de Macau, 1990.

Forjaz, Jorge. *Famílias Macaenses*, 3 Vols, Macau: Fundação Oriente, Macau, 1996.

——————— · José Francisco de Noronha. *Os Luso-descendentes da Índia Portuguesa*. 3 Vols, 2nd ed. Macau: Fundação Oriente, 2003.

França, Bento da. *Macau e os seus Habitantes*. Lisbo: Imprensa Nacional, 1897.

Frank, Andre Gunder. *ReOrient: Global Economy in the Asian Age*. Berkeley: University of California Press, 1998.

Freitas, Guimarães and José de Aquino. *Memória sobre Macau*. Coimbra: Na Real Imprensa da Universidade, 1828.

Gomes, Luis Gonzaga. *Macau Factos e Lendas: Páginas escolhidas*. Lisboa: Quinzena de Macau, 1979.

Graca, Jorge. *Fortificações de Macau: Concepção e História*. Macau: Instituto Cultural de Macau, 1969.

Gunn, Geoffrey C. *Encountering Macau: A Portuguese City-State on the Periphery of China, 1557-1999*. Boulder: Westview Press, 1996.

Jorge da Silva, Antonio M. *The Portuguese Community in Hong Kong: A Pictorial History*. Macau: Instituto Internacional de Macau, 2007.

——————— · *Diaspora Macaense to California*. Macau: Associação Promotora da Instrução dos Macaenses, 2009.

——————— · *The Portuguese Community in Hong Kong: A Pictorial History*. Vol. 2. Macau: Instituto Internacional de Macau, 2010.

——————— · *The Portuguese Community in Shanghai: A Pictorial History*. Macau: Instituto Internacional de Macau, 2012.

——————— · *Macaense Cuisine - Origins and Evolution*. Macau: Instituto Internacional de Macau, 2016.

Lessa, Almerindo. *A História e os Homens da Primeira República Democrática do Oriente: Biologia e Sociologia de Uma Ilha Cívica*. Macau: Imprensa Nacional, 1974.

Lindsay, Oliver. *The Lasting Honour: The Fall of Hong Kong, 1941*. London: Hamilton, 1978.

Ljungstedt, Anders. *An Historical Sketch of the Portuguese Settlements in China and of the Roman Catholic Church and Mission in China*. Reprint of the 1836 edition Hong Kong: Viking Hong Kong Publications, 1992.

Luff, John. *The Hidden Years*. Hong Kong: South China Morning Post, 1967.

Marreiros, Carlos. *Revista de Cultura: Alianças para of Futuro.* No. 20 (II Série) , Edição em português, Instituto Cultural de Macau, 1994; also published as English editionin *Review of Culture*, No. 20 (2nd series), July-September 1994, the Instituto Cultural of Macau.

Montalto de Jesus, C. A. *Historic Macao.* 2nd ed. Hong Kong: Oxford University Press, 1984.

Mungello, D. E. *The Great Encounter of China and the West, 1500-1800.* 3rd. ed. Lanham, MD: Rowman and Littlefield Publishers, 2009.

Parry, John H. *The Age of Reconnaissance, Discovery, Exploration and Settlement 1450 to 1650.* Berkeley: California University Press, 1981.

Pereira, J. F. Marques. *Ta-Ssi-Yang-Kuo,* Serie I, Vols. I-II and III-IV. Lisboa: Antiga Casa Betrand, 1899-1900.

Pinto, Fernão Mendes. *Peregrinação, Transcrição de Adolfo Casais Monteiro.* 3º tir. Lisboa: Imprensa Nacional Casa da Moeda, 1988.

Ride, Edwin. *BAAG: Hong Kong Resistance 1942-1945.* Hong Kong: Oxford University Press, 1981.

Seibert, Gerhard. *Comrades, Clients and Cousins: Colonialism, Socialism and Democratization in São Tomé and Príncipe.* 2nd ed. Leiden: Brill Academic Publishers, 2006.

Fernandes, Miguel Senna and Alan Norman Baxter. *Maquista chapado: Vocabulary and Expressions in Macao's Portuguese Creole.* Macau: Instituto Cultural do governo da R.A.E. de Macau, 2004.

Silva, Beatriz Basto da. *Cronologia da História de Macau.* 5 Vols. Macau: Direcção dos Serviços de Educação e Juventude, 1998.

Silva, Beatriz Basto da. *Emigração de Cules: Dossier Macau, 1851-1894.* Macau: Fundação Oriente, 1994.

Silva, Frederic A. *All our Yesterdays : The Sons of Macao, Their History and Heritage.* California: UMA, 1979.

——————— · *"Jim": Things I Remember.* Self-published, San Francisco, 1999.

"Things I Remember." *Mosaic*, Vol.XVII (2010), Macau.

"The Macanese- A Legacy of Portugal in China." *Mosaic*, Vol. XXIV (2012), Macau.

Teixeira, Fr. Manuel. *Macau Através dos Séculos.* Macau: Imprensa Nacional de Macau, 1977.

Macau Durante a Guerra, B.I.L.C. N ° 1 and 2. Macau: Boletim do Instituto Luís de Camões, 1981.

——— · *Macau no Século XVIII.* Macau: Imprensa Nacional, 1984.

——— · *O Comércio de Escravos em Macau (The So-called Portuguese Slave Trade in Macao).*

Separata dos nos. 1 e 2 do Vol X do Boletim do Instituto Luís Camões. Macau: Imprensa Nacional, 1976.

"Revista de Cultura: Origem dos Macaenses." No. 20 (II Série), Edição em português. Macau: Instituto Cultural, 1994. Also published as english editionin. *Review of Culture,* No. 20 (2nd series), July-September 1994. Macu: Instituto Cultural.

Warrin, Donald and Geoffrey L. Gomes. *Land, as Far as the Eye Can See: Portuguese in the Old West.* Reprinted, updated ed. UMass Dartmouth: Tagus Press, 2013.

Yvanovich, Philippe. *My Wartime Experience, December 1941- December 1945* (Corporal 3625). Self-published, Australia, 2009.

論文及未出版手稿

Barreiros, Leopoldo Danilo. "Dialecto Português de Macau." Unpublished "Ex-Libris" manuscript, dated January 4, 1943, with collection of articles previously published in Renascimento, Macau.

Bell, Susan. "We are Family." University of Southern California Dornsife, College of Letters, Arts and Sciences, News and Events Article, August 7, 2013.

Bridge, Ron (CFEPOW). *Hong Kong Detachment POWs at Shamshuipo Camp,* Tab-delimited file.

Delgado, Miguel. "Memoirs on Clementi Cecil Delgado." Personally handed to the author July 27, 2008.

Lam, Wai-man. "Promoting Hybridity: The Politics of the New Macau Identity." *The China Quarterly,* 203 (September 2010): 656-674.

Jorge da Silva, Antonio M. "Refugiados da Segunda Guerra." Interview with Edris d'Aquino de Carvalho, Lusitano Bulletin, Vol. 2, Bk. 2, 1993. Lusitano Bulletin, Vol. 2, Bk. 4, 1993

"Macaenses: Descendants of the Portuguese." *Lusitano Bulletin,* Vol. 4, Bk. 2, June 15, 1995.

□ 責任編輯　吳黎純
□ 裝幀設計　楊愛文
□ 排　版　　楊愛文
□ 印　務　　劉漢舉

跨越文化與時空的葡亞人：
澳門葡裔的演化

□
著者
施安東（António M. Jorge da Silva）

□
出版
中華書局（香港）有限公司
香港北角英皇道四九九號北角工業大廈一樓 B
電話：（852）2137 2338
傳真：（852）2713 8202
電子郵件：info@chunghwabook.com.hk
網址：http://www.chunghwabook.com.hk

□
發行
香港聯合書刊物流有限公司
香港新界大埔汀麗路三十六號
中華商務印刷大廈三字樓
電話：（852）2150 2100
傳真：（852）2407 3062
電子郵件：info@suplogistics.com.hk

□
印刷
美雅印刷製本有限公司
香港觀塘榮業街六號海濱工業大廈四樓 A 室

□
版次
2019 年 6 月初版
©2019 中華書局（香港）有限公司

□
規格
16 開（230mm×170mm）

□
ISBN
978-988-8572-45-8

跨越文化與時空的葡亞人：澳門葡裔的演化